CONTEÚDO DIGITAL PARA ALUNOS

Cadastre-se e transforme seus estudos em uma experiência única de aprendizado:

1 Entre na página de cadastro:
www.editoradobrasil.com.br/sistemas/cadastro

2 Além dos seus dados pessoais e dos dados de sua escola, adicione ao cadastro o código do aluno, que garantirá a exclusividade do seu ingresso à plataforma.

2425998A1161022

3 Depois, acesse:
www.editoradobrasil.com.br/leb
e navegue pelos conteúdos digitais de sua coleção :D

Lembre-se de que esse código, pessoal e intransferível, é valido por um ano. Guarde-o com cuidado, pois é a única maneira de você acessar os conteúdos da plataforma.

APOEMA

CLÁUDIA MIRANDA
- Mestre em Educação pela Universidade Católica de Petrópolis (UCP)
- Especialista em Teoria da Literatura e em Literatura Comparada pela Universidade Federal de Juiz de Fora (UFJF)
- Licenciada em Letras pela Universidade Federal de Juiz de Fora (UFJF)

EDSON MUNCK JR.
- Doutor pelo Programa de Pós-Graduação em Ciência da Religião (UFJF)
- Mestre em Estudos Literários (UFJF)
- Especialista em Estudos Literários (UFJF)

JACILUZ DIAS
- Doutoranda em Linguística pelo Programa de Pós-Graduação em Linguística da Universidade Federal de Juiz de Fora (UFJF)
- Mestra em Educação pela Universidade Federal de Lavras (UFLA)
- Licenciada em Letras (Licenciatura Plena) pelo Centro de Ensino Superior de Juiz de Fora (PUC Minas)

LEITURA E PRODUÇÃO DE TEXTO 9

2ª edição
São Paulo, 2020

Dados Internacionais de Catalogação na Publicação (CIP)
(Câmara Brasileira do Livro, SP, Brasil)

Miranda, Cláudia
   Apoema leitura e produção de texto 9 / Cláudia Miranda, Edson Munck Jr., Jaciluz Dias. -- 2. ed. -- São Paulo : Editora do Brasil, 2020. -- (Apoema)

   Bibliografia.
   ISBN 978-85-10-08392-8 (aluno)
   ISBN 978-85-10-08393-5 (professor)

   1. Leitura (Ensino fundamental) 2. Português (Ensino fundamental) 3. Textos (Ensino fundamental) I. Munck Junior, Edson. II. Dias, Jaciluz. III. Título IV. Série.

20-38959   CDD-372.6

Índices para catálogo sistemático:
1. Português : Ensino fundamental   372.6

Maria Alice Ferreira - Bibliotecária - CRB-8/7964

© Editora do Brasil S.A., 2020
Todos os direitos reservados

Direção-geral: Vicente Tortamano Avanso

Direção editorial: Felipe Ramos Poletti
Gerência editorial: Erika Caldin
Supervisão de arte: Andrea Melo
Supervisão de diagramação: Abdonildo Santos
Supervisão de revisão: Dora Helena Feres
Supervisão de iconografia: Léo Burgos
Supervisão de digital: Ethel Shuña Queiroz
Supervisão de controle de processos editoriais: Roseli Said
Supervisão de direitos autorais: Marilisa Bertolone Mendes

Supervisão editorial: Selma Corrêa
Edição: Simone D'Alevedo
Assistência editorial: Gabriel Madeira, Júlia Nejelschi, Laura Camanho
Capa: Megalo Design
Imagem de capa: João Caldas/Olhar Imagem

Licenciamentos de textos: Cinthya Utiyama, Jennifer Xavier, Paula Harue Tozaki, Renata Garbellini
Controle de processos editoriais: Bruna Alves, Carlos Nunes, Rita Poliane, Terezinha de Fátima Oliveira e Valéria Alves

2ª edição / 2ª impressão, 2023
Impresso na Gráfica Elyon.

Concepção, desenvolvimento e produção: Triolet Editorial & Publicações
Direção executiva: Angélica Pizzutto Pozzani
Coordenação editorial: Priscila Cruz e Adriane Gozzo
Edição de texto: Andrea Vidal
Preparação e revisão de texto: Ana Carolina Lima de Jesuz, Ana Paula Chabaribery, Arali Lobo Gomes, Brenda Morais, Celia Carvalho, Daniela Lima Alvares, Daniela Pita, Erika Finati, Gloria Cunha, Helaine Naira, Lara Milani, Marcia Leme, Míriam dos Santos, Renata de Paula Truyts, Renata Tavares, Roseli Batista Folli Simões e Simone Soares Garcia
Assistência editorial: Gabriela Wilde
Coordenação de arte e produção: Daniela Fogaça Salvador
Edição de arte: Ana Onofri, Igor Aoki, Julia Nakano, Suzana Massini, Wilson Santos
Assistente de arte: Lucas Boniceli
Ilustradores: Fabio Eugenio, Joana Resek, Pedro Hamdam
Iconografia: Daniela Baraúna

Rua Conselheiro Nébias, 887
São Paulo, SP – CEP 01203-001
Fone: +55 11 3226-0211
www.editoradobrasil.com.br

APRESENTAÇÃO

O presente é tão grande, não nos afastemos.
Não nos afastemos muito, vamos de mãos dadas.
"Mãos dadas", Carlos Drummond de Andrade

Professor, obrigado por dedicar seu tempo e sua atenção à leitura deste manual! Como professores, sabemos do prazer e do compromisso que é trabalhar a língua portuguesa com os estudantes do Ensino Fundamental II. Queremos que a **Coleção Apoema Leitura e Produção de Texto** seja um apoio para você e seus alunos ampliarem as possibilidades de reflexão linguística no dia a dia escolar.

Como você perceberá, o texto é o ponto de partida e o ponto de chegada de cada uma das unidades desenvolvidas em todos os volumes. A ideia da coleção é fazer com que os alunos apliquem os saberes linguísticos e deles se apropriem por meio da interpretação de textos e da reflexão sobre os diversos gêneros textuais, que servirão de repertório para a **Oficina de produção**. Além dessa concepção, que alia a leitura à escrita, são apresentadas reflexões linguísticas, culturais, intertextuais, interdisciplinares... Cada seção que compõe esta coleção foi criada com a finalidade de ajudá-lo a promover uma aula de leitura e produção de textos de excelência. A prática e a experiência docente foram, em todo o tempo, nosso parâmetro fundamental para planejar e elaborar este material. Por isso, esperamos que as propostas aqui efetivadas se somem às ações educativas realizadas por você para consolidar saberes e possibilitar o desenvolvimento de leitores e produtores de textos competentes.

Por fim, diante da grande responsabilidade de nossa tarefa docente, dos desafios que enfrentamos diariamente em nossas salas de aula e desse presente enorme que é a educação, é bom lembrar o que disse o poeta Carlos Drummond de Andrade em "Mãos dadas". Portanto, respeitosa e amistosamente, estendemos nossas mãos, nesta coleção **Apoema Leitura e Produção de Texto**, para seguirmos, juntos, nosso caminho como educadores.

Os autores

CONHEÇA SEU LIVRO

Seu encontro com o desafio da compreensão e produção de textos começa aqui. Veja em detalhe cada passo desse percurso.

ABERTURA DE UNIDADE
Um convite para começar a caminhada com base em uma fotografia e um texto motivador.

TEXTOS 1 E 2
Em cada unidade, você encontra dois ou três textos de variados gêneros. Para curtir, conhecer e aprender.

INTERAGINDO COM...

Seção de interpretação de textos e de estudo de seus respectivos gêneros, com atividades práticas.

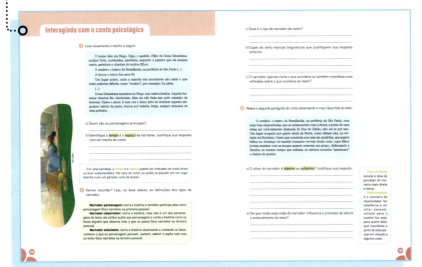

AMPLIANDO O CONHECIMENTO

Um olhar mais de perto sobre aspectos citados nos textos, com informações complementares de outras áreas do conhecimento.

LÍNGUA E LINGUAGEM

Momento de aprofundar os conhecimentos adquiridos com a leitura e a interpretação dos textos apresentados na unidade, agora sob o ponto de vista do estudo da língua portuguesa.

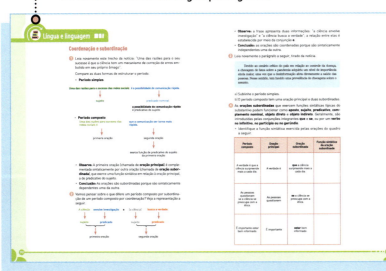

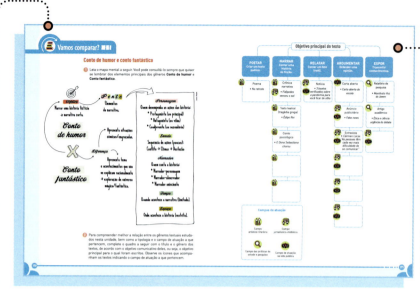

QUADRO DE TIPOS E GÊNEROS TEXTUAIS
Um jeito visual e divertido de ajudar você a se lembrar das informações apresentadas nas unidades.

VAMOS COMPARAR?
Pela comparação dos gêneros estudados na unidade, você consolida o aprendizado.

SEÇÃO COMPLEMENTAR
Glossário: apresenta, de forma simplificada, o sentido de palavras e expressões utilizadas nos textos da unidade.

OFICINA DE PRODUÇÃO ESCRITA
Uma seção que convida você e os colegas a colocar a mão na massa, criando e compartilhando textos.

OFICINA DE PRODUÇÃO ORAL
A oportunidade de se expressar, defender pontos de vista e fazer apresentações: uma preparação para a sua vida profissional.

OFICINA DE PRODUÇÃO MULTIMODAL
Em texto escrito, áudio ou vídeo, aqui você pode mostrar todo o seu talento e criatividade em produções que envolvem a comunicação.

SUMÁRIO

Unidade 1 – A escola que queremos ... 10
Texto 1 – Manifesto Voz do Jovem ... 12
Interagindo com o relatório de pesquisa ... 18
Língua e linguagem – Mecanismos de progressão textual e paralelismo ... 22
Texto 2 – Carta Aberta da Escola ... 24
Interagindo com a carta aberta ... 26
Vamos comparar? – Relatório de pesquisa e carta aberta ... 30
Oficina de produção oral – Enquete ... 32
Oficina de produção escrita – Relatório de pesquisa ... 34

Unidade 2 – Verdade e democracia ... 36
Texto 1 – *Fake news* ... 38
Interagindo com o anúncio publicitário ... 39
Texto 2 – Como agir para impedir a circulação de desinformação? ... 44
Interagindo com a entrevista ... 46
Língua e linguagem – Mecanismos de progressão textual e operadores discursivos ... 52
Vamos comparar? – Anúncio publicitário e entrevista ... 54
Oficina de produção multimodal – Anúncio publicitário ... 56
Oficina de produção oral – Entrevista ... 58

Unidade 3 – Falando grego ... 60
Texto 1 – Fidípedes venceu o sol ... 62
Interagindo com a crônica ... 65
Língua e linguagem – Textualidade e estilo ... 68
Texto 2 – Édipo Rei ... 70
Interagindo com o texto teatral ... 78
Vamos comparar? – Crônica e tragédia grega ... 84
Oficina de produção escrita – Retextualização da crônica para texto teatral ... 86
Oficina de produção oral – Encenação teatral ... 88
Oficina de produção multimodal – Esquete ... 90

Unidade 4 – Ética e Ciência ... 92
Texto 1 – Coronavírus – Brasil entra em sua sexta onda de desinformação sobre a covid-19 ... 94
Interagindo com a notícia ... 96
Texto 2 – Ética e Ciência: urgência do debate ... 103
Interagindo com o artigo acadêmico ... 108
Língua e linguagem – Coordenação e subordinação ... 112
Vamos comparar? – Notícia e artigo acadêmico ... 114
Oficina de produção oral – Seminário ... 116
Oficina de produção escrita – Artigo acadêmico ... 118

Unidade 5 – Retratos de família ... **120**

Texto 1 – No retrato ... **122**
Interagindo com o poema ... **124**
Texto 2 – E Dona Sebastiana chorou ... **130**
Interagindo com o conto psicológico ... **134**
Língua e linguagem – Relações semânticas ... **140**
Vamos comparar? – Poema e conto psicológico ... **142**
Oficina de produção escrita – Retextualização de conto para poema ou de poema para conto ... **144**
Oficina de produção multimodal – *Vlog* literário ... **146**

Unidade 6 – A literatura é uma arte! ... **148**

Texto 1 – O olho torto de Alexandre ... **150**
Interagindo com o conto de humor ... **154**
Texto 2 – O ex-mágico da Taberna Minhota ... **158**
Interagindo com o conto fantástico ... **162**
Língua e linguagem – Processos de formação de palavras ... **168**
Vamos comparar? – Conto de humor e conto fantástico ... **170**
Oficina de produção escrita – Conto ... **172**
Oficina de produção oral – Audiolivro ... **174**

Unidade 7 – O poder do voto ... **176**

Texto 1 – Os políticos e o povo ... **178**
Interagindo com o artigo de opinião ... **180**
Texto 2 – As ruas da folia e dos protestos ... **186**
Interagindo com o editorial ... **188**
Língua e linguagem – Tipos de argumento ... **192**
Vamos comparar? – Artigo de opinião e editorial ... **194**
Oficina de produção escrita – Editorial ... **196**
Oficina de produção oral – *Podcast* ... **198**

Unidade 8 – No mundo do trabalho ... **200**

Texto 1 – Experiência valerá mais que formação na próxima década . **202**
Interagindo com a reportagem ... **204**
Texto 2 – Chave está nas pessoas, não na tecnologia ... **208**
Interagindo com o artigo de opinião ... **210**
Língua e linguagem – Regência verbal e regência nominal ... **216**
Vamos comparar? – Reportagem e artigo de opinião ... **218**
Oficina de produção escrita – Artigo de opinião ... **220**
Oficina de produção oral – Debate ... **222**

Referências ... **224**

UNIDADE 1

A escola que queremos

Atuar na vida pública começa dentro da escola, e essa é uma forma de exercer cidadania, ou seja, de lutar por direitos e cumprir deveres de modo a contribuir para o equilíbrio social. Você já pensou como a seria a escola ideal para você?

Nesta unidade, convidamos você a refletir sobre formas de conhecer a escola e a pensar em estratégias que contribuam para a melhoria da educação. Para isso, é fundamental a participação ativa e crítica dos alunos. Esse empenho, somado ao trabalho da equipe de gestores e professores, da família e da comunidade, é uma forma de transformar a escola no lugar que queremos.

> Releia o tema da unidade, relacionando-o aos gêneros que serão estudados e à imagem de abertura.
> - Você já participou de reuniões ou aulas *on-line*? Relate sua experiência sobre isso.
> - Na sua opinião, como as tecnologias digitais podem contribuir para o exercício da cidadania?
> - Cite exemplos de gêneros textuais utilizados para a participação na vida pública.

O que você vai estudar?
Gêneros
- Relatório de pesquisa
- Carta aberta

Língua e linguagem
- Mecanismos de progressão textual e paralelismo

O que você vai produzir?
Oficina de produção
- Enquete (oral)
- Relatório de pesquisa (escrita)

Alunos e professora se reúnem em sala virtual para debate sobre educação. Juiz de Fora (MG), 2020.

TEXTO 1

Antes de ler

1. Observe a estrutura geral do texto e os gráficos apresentados nele. A qual gênero você acha que esse texto pertence?
2. Qual parece ser o assunto abordado no texto?

Manifesto Voz do Jovem

Introdução

[...]

O Manifesto Voz do Jovem é uma leitura que buscará responder o que os alunos esperam e pensam sobre educação. Quais suas principais motivações e o que os afasta das salas de aula; qual a relevância de sua participação nos conteúdos, na formação crítica e na construção de uma relação com professores; além de abordar outros pontos, como a infraestrutura das escolas e qualidade dos materiais, a influência da participação da família no ensino e a falta de incentivo para os alunos. O resultado final é um registro detalhado e atual do que querem os jovens brasileiros com relação à sua educação, que servirá de guia para aqueles que querem lutar pela mudança que a educação brasileira precisa. Convidamos você a se juntar a nós nessa luta. Boa leitura!

Fontes e metodologia

A elaboração do Manifesto Voz do Jovem, como o nome já diz, contou com a participação de jovens brasileiros ligados à educação. Esses jovens foram ouvidos através de uma pesquisa a nível nacional e cerca de vinte entrevistas, também realizadas com professores. A pesquisa e a entrevista se complementam – a primeira proporcionando uma visão mais sistemática e em grande escala, e a segunda contribuindo com mais profundidade sobre o pensamento dos jovens.

Pesquisa

A pesquisa teve como objetivo buscar maior alcance e riqueza de informações e dados sobre temas importantes na educação, de acordo com a visão do jovem. Conseguimos chegar a mais de doze mil contribuições em todo o território nacional. Partindo da seleção de embaixadores e outros parceiros em cada estado, responsáveis pela divulgação da pesquisa, foi possível colher informações de jovens de diversas idades, do Ensino Fundamental até o Superior, de escolas públicas e privadas.

A pesquisa foi separada em cinco campos: dificuldades, participação da família, benefícios da educação, ferramentas de aprendizado e melhorias para a educação.

[...]

Perfil dos respondentes

Nossa pesquisa recebeu 12.132 respostas. Dessas, decidimos focar nos 11.519 respondentes com idade entre 9 e 24 anos, por estarmos interessados na voz do jovem em idade escolar. Essa faixa etária corresponde a 95% das respostas. O **Gráfico 1.1** mostra a distribuição completa das idades.

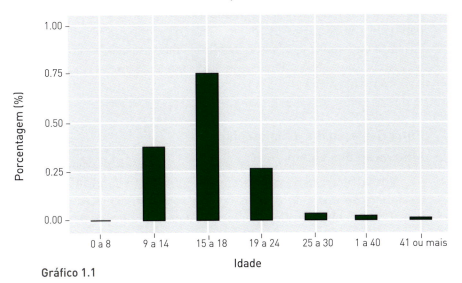

Gráfico 1.1

Em termos de distribuição regional, temos uma porcentagem de estudantes do Sudeste aproximadamente 10% maior do que a esperada (de acordo com a distribuição populacional do Brasil), estando as outras regiões um pouco menos representadas (**Gráfico 1.2**).

[...]

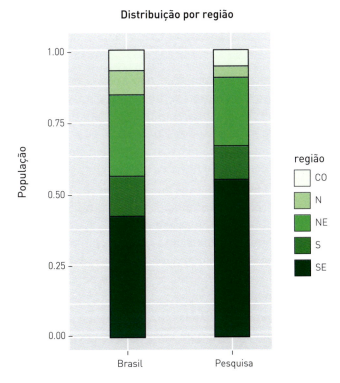

Gráfico 1.2
Dados Brasil: http://www.ibge.gov.br/home/estatistica/populacao/estimativa2011/tab_Brasil_UF.pdf

Todas essas variáveis nos mostram que o jovem que respondeu nossa pesquisa é uma amostra particular dos jovens brasileiros. Devido à metodologia da nossa pesquisa – que ficou disponível *on-line* e foi divulgada com a ajuda de nossos embaixadores e parceiros –, acreditamos que atraímos um público que naturalmente se interessa pelo assunto. Queremos saber que lições podemos aprender com esses jovens para melhorar a educação brasileira.

[...]

Entrevistas – o dia a dia escolar
Motivação dos alunos

Nossos entrevistados falaram repetidamente sobre o problema da motivação dos alunos. Dois fatores surgiram como os principais culpados: o conteúdo desinteressante apresentado em sala de aula (incluindo o formato tradicional como ele é apresentado, limitado em grande parte à exposição) e a falta de participação dos alunos nas decisões da escola.

Para aumentar a participação dos alunos na gestão da escola, destacam-se como medidas os grêmios estudantis e as representações de classe, nos quais os estudantes têm voz ativa e estão em posição de responsabilidade. Um legado das ocupações das escolas em São Paulo, na opinião dos jovens entrevistados que delas participaram, foi o interesse dos alunos em escolher temas, planejar e gerir o conteúdo das atividades de ensino que seriam realizadas:

"A participação ativa dos alunos nas atividades de ensino foi determinante nas ocupações. Existe uma tendência de pensar que alunos e professores têm interesses diferentes e isso impede que ambos possam agir em conjunto para formular as atividades, gerando um modelo de ensino desinteressante."

[...]

Os alunos buscam participação não apenas na gestão da escola, [...], mas também querem ter voz sobre os conteúdos que devem aprender. A falta de conexão com esses conteúdos é um grande fator desmotivador: *"A falta de motivação dos alunos deve-se ao não envolvimento no processo de aprendizagem, eles apenas recebem o conhecimento e não participam na elaboração dos conteúdos que serão dados em aula"*.

Por exemplo, muitos alunos questionam ao longo de sua vida escolar por que precisam aprender a fórmula de Bhaskara, mas não sobre economia doméstica ou sobre política. *"As pessoas não sabem nem o que é uma democracia, como tirar um título de eleitor ou seus direitos, a escola ensina algo muito mais programático, funcional, e isso não deveria ser o seu papel, e muitos deixam de estudar porque não suportam esse sistema."*

Outra das maneiras relatadas para incentivar a participação é combater o autoritarismo dentro das salas de aula, permitindo assim que os alunos entendam que têm o direito e o poder de desenvolver suas próprias opiniões, e não apenas recebê-las passivamente. *"Os alunos poderiam ter uma formação mais crítica se houvesse uma reestruturação da educação e do modo de ensino. Mudando desde a raiz, desde a forma como os alunos se sentam na sala de aula; ela reflete a hierarquia,*

Fórmula de Bhaskara

É um método utilizado para resolver equações de segundo grau. Ele permite encontrar as soluções para esse tipo de equação a partir de seus coeficientes, que são substituídos na fórmula e permitem encontrar os valores de **x**, depois da realização de algumas operações matemáticas. A Fórmula de Bhaskara é:

$$x = \frac{-b \pm \sqrt{b^2 - 4 \cdot a \cdot c}}{2 \cdot a}$$

na qual professor é o detentor do saber," disse um de nossos entrevistados. O combate ao autoritarismo não deve ser confundido com a falta de respeito à figura do professor; trata-se de uma maior identificação com a mesma, pois uma boa relação entre alunos e professores é um fator que estimula ambos os lados a exporem suas ideias.

Um fator apontado como capaz de motivar os alunos verdadeiramente quanto à escola foi a carreira. Eles percebem a escola como um lugar de preparação para o que almejam exercer como profissão no futuro. Assim, a escola deve trabalhar com os jovens habilidades que de fato os ajudem no seu futuro, mostrando também a possibilidade de criar projetos e rumos próprios, além das carreiras tradicionais.

Valorização do professor

Os docentes são aliados dos estudantes na construção do conhecimento, na motivação e orientação dos alunos; eles são a figura que facilita o acesso e a compreensão de conteúdos e conhecimentos. Infelizmente, a carreira de docência perdeu o atrativo para os jovens e até mesmo para os próprios professores.

Todos os entrevistados, sejam alunos ou professores, foram unânimes em concordar que os docentes não recebem um salário justo para o cargo que exercem. O piso salarial atualmente é de R$ 2.135,64, e muitos professores precisam trabalhar em até três períodos, em salas com cerca de cinquenta alunos, para suprir seus gastos. Isso os afasta da família, de atividades de lazer, e comumente causa quadros de ansiedade e depressão associados ao estresse, além de atrapalhar e limitar o processo criativo de atividades novas que gerem mais interesse no aluno.

Além do baixo salário, a falta de propósito e de identificação com o conteúdo são fatores que pesam na motivação dos professores. Nossos professores entrevistados relataram que a falta de liberdade para ensinar assuntos de seu interesse, utilizando suas próprias metodologias, é um grande desestímulo na profissão.

"Acredito que a estagnação da grade curricular e a imensa burocracia também afeta os professores, porém, o mais pungente acredito ser a precarização e desvalorização que a categoria vem sofrendo cada vez mais fortemente."

Outros problemas citados por nossos professores incluem o tamanho excessivo das turmas, a falta de respeito por parte dos alunos e a baixa qualidade do espaço de trabalho, como falta de computadores ou tinta nas impressoras. E quando os professores buscam reivindicar seus direitos, protestam a respeito do que querem ou participam de greves, muitas vezes são duramente reprimidos através de perseguições políticas e até mesmo pela truculência policial [...].

Condições da escola

A quantidade de alunos que consideram as instalações de suas escolas adequadas aumenta constantemente conforme aumenta a renda. [...] na faixa de renda mais alta, cerca de 75% dos alunos responderam que as instalações na sua escola não são ruins. Esse número cai a cada faixa de renda, chegando a 55% na faixa de mais baixa renda. Encontramos padrão semelhante nas respostas sobre a disponibilidade de materiais didáticos nas escolas [...].

Quando [...] comparamos as respostas entre os diferentes tipos de escola – privada, pública e militar, esta última considerada em uma categoria à parte – a diferença entre a qualidade das escolas fica ainda mais gritante. A porcentagem de alunos de escolas públicas que relata instalações adequadas é cerca de 30% menor que a mesma proporção em escolas particulares. A diferença é semelhante na pergunta sobre falta de material didático (**Gráfico 3.5**).

[...]

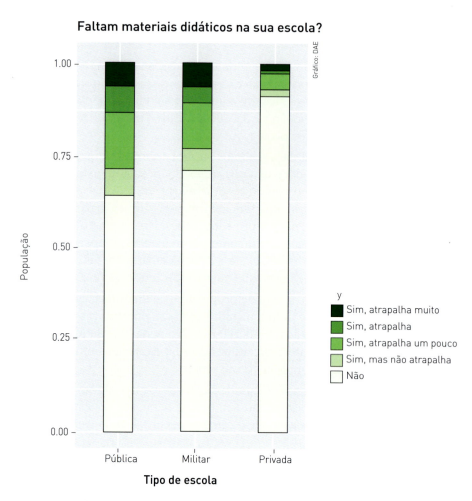

Gráfico 3.5
Disponibilidade de material didático, por tipo de escola.

[...]

Interesse dos alunos

[...]

Finalmente, podemos observar que o gosto pelo estudo não teve grande variação com a classe social, apesar das piores condições [...] em que os alunos de mais baixa renda se encontram. Inclusive, curiosamente, nossa amostra demonstrou uma queda sistemática na vontade de ir à escola conforme a renda familiar aumenta. Padrão semelhante foi encontrado na crença de que a educação os ajudará a alcançar seus sonhos (**Gráfico 3.11**).

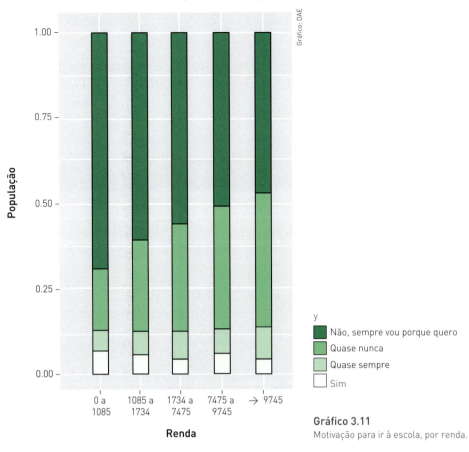

Gráfico 3.11
Motivação para ir à escola, por renda.

[...]
Conclusão

A construção deste Manifesto nos permitiu entender de uma maneira global as ansiedades, desejos e críticas dos estudantes brasileiros. Descobrimos que precisamos revolucionar o conteúdo das salas de aula e a maneira como ele é ensinado; envolver mais a comunidade escolar como um todo nas decisões que a afetam; valorizar professores e atentar para a grande desigualdade de recursos educacionais entre famílias em diferentes faixas de renda, o que causa uma grande injustiça a cada nova geração de estudantes.

Mas esse conhecimento não pode ficar parado; de pouco serve se não o pusermos em ação. Se por um lado encontramos uma série de problemas, temos também um dado que nos dá esperança: 95% dos jovens que responderam à nossa pesquisa disseram que têm vontade de mudar a educação brasileira. O Mapa convida você a pôr a mão na massa e, junto conosco, trabalhar para a mudança que queremos ver no Brasil. Seja criando uma nova tecnologia que melhore a comunicação entre os diferentes membros da comunidade escolar; seja dedicando sua carreira ao ensino e trazendo conteúdos relevantes à sala de aula; seja exercendo seu papel de cidadão e pressionando nossos políticos por melhores salários para os professores; ou abraçando a causa e virando o candidato da educação na sua cidade, estado, ou – por que não? – no Brasil.

MAPA Educação. *Manifesto Voz do Jovem*, [s. l.], mar. 2019. Disponível em: https://mapaeducacao.com/wp-content/uploads/2019/03/Manifesto-Voz-do-Jovem.pdf. Acesso em: 21 abr. 2020.

Interagindo com o relatório de pesquisa

① Apesar do título "Manifesto...", o texto lido é um **relatório de pesquisa**, que tem como objetivo

a) contar a história de alguns jovens envolvidos com liderança estudantil.

b) apresentar argumentos e contra-argumentos que sustentam a opinião de um grupo de pessoas sobre um tema atual.

c) exigir melhores condições para uma demanda social na área da educação.

d) reunir dados coletados por meio de entrevistas, apresentando uma análise dessas informações e explicando a forma como a pesquisa foi realizada.

② Associe os subtítulos à descrição das partes que compõem o relatório.

    I. Introdução

    II. Fontes e metodologias

    III. Perfil dos respondentes

    IV. Motivação dos alunos / Valorização do professor / Condições da escola

    V. Conclusão

☐ Apresenta considerações sobre o objetivo da pesquisa ter sido alcançado e sobre como isso aconteceu.

☐ Apresentam uma análise dos dados coletados, de acordo com os tópicos abordados.

☐ Apresentam as origens dos dados e a forma como o relatório foi elaborado.

☐ Apresenta as características dos sujeitos que fizeram parte da pesquisa.

☐ Apresenta o relatório em linhas gerais, indicando o objetivo com o qual ele foi elaborado.

③ A parte do relatório intitulada **Pesquisa** tem a função de:

a) indicar por que a pesquisa é importante.

b) situar o leitor sobre o que se pretendeu com a pesquisa.

c) apresentar possíveis soluções para o problema encontrado na pesquisa.

d) enumerar quais foram os referenciais teóricos utilizados para dar suporte à pesquisa.

4 Observe novamente os gráficos que compõem o relatório. Qual é a função do título e da legenda que os acompanham?

_____
_____
_____
_____

5 Escreva **V** para as alternativas verdadeiras e **F** para as falsas.

☐ Em relatórios de pesquisa, os gráficos têm a função de ilustrar dados que são detalhados e analisados ao longo do texto, mas, também, de sistematizar e apresentar outros dados, complementando as informações.

☐ A leitura do Gráfico 1.2 permite observar que, proporcionalmente, são iguais a distribuição populacional brasileira por região e a dos participantes da pesquisa.

☐ Por meio do Gráfico 3.5 é possível perceber que escolas privadas têm menos problemas com a falta de materiais didáticos e que, em igual proporção, alunos de escolas públicas e militares consideram muito prejudicial a falta desses materiais.

☐ O Gráfico 3.11 aponta que quanto maior a renda dos entrevistados, maior a vontade de ir à escola, ou seja, que a renda dos estudantes não interfere na motivação para que eles estudem.

☐ O objetivo dos tipos de gráfico escolhidos para esse relatório não é mostrar com precisão quantas pessoas responderam a cada item, mas dar uma ideia proporcional ao comparar os grupos.

6 Na seção **Motivação dos alunos** são apresentados problemas que dificultam a participação deles nas aulas, mas também sugestões para resolver esses problemas.

a) Segundo o relatório, como resolver o problema da falta de participação dos alunos nas decisões da escola?

_____
_____
_____
_____

b) Você concorda com as sugestões apresentadas? Fundamente sua opinião com argumentos convincentes.

_____
_____
_____
_____

c) Por que alguns trechos dessa seção estão entre aspas? Que função eles desempenham no texto?
_____
_____

> **Círculo vicioso** é uma sequência de acontecimentos que se repete indefinidamente e que resulta em uma situação que parece sem saída, porque retoma a ação desencadeadora, retornando ao início do ciclo.

7 A análise sobre a falta de valorização do professor apresentada no relatório pode ser comparada a um círculo vicioso. Explique como essa argumentação é realizada.
_____
_____
_____
_____

8 Releia um trecho do relatório.

> A quantidade de alunos que consideram as instalações de suas escolas adequadas aumenta constantemente conforme aumenta a renda. [...] Na faixa de renda mais alta, cerca de 75% dos alunos responderam que as instalações na sua escola não são ruins. Esse número cai a cada faixa de renda, chegando a 55% na faixa de mais baixa renda. Encontramos padrão semelhante nas respostas sobre a disponibilidade de materiais didáticos nas escolas [...].

a) Qual é a importância da utilização de dados numéricos como **75% dos alunos** e **chegando a 55%** para esse gênero textual?
_____
_____
_____

b) Esse relatório se baseia em uma pesquisa quantitativa ou qualitativa?
_____
_____
_____
_____

> **Pesquisas quantitativa e qualitativa**
> A principal diferença entre esses dois tipos de pesquisa é que a quantitativa se baseia em números e cálculos matemáticos, enquanto a qualitativa é baseada em narrativas escritas ou faladas. A primeira visa compreender fenômenos por meio da coleta de dados numéricos, enquanto a segunda objetiva a compreensão desses fenômenos por meio do estudo de particularidades e experiências individuais. Na pesquisa quantitativa, os dados são tratados de modo objetivo, orientado para resultados, enquanto na qualitativa eles são abordados de modo subjetivo, orientado para processos.

9. Um relatório de pesquisa geralmente utiliza termos técnicos próprios do universo acadêmico. Todos os trechos a seguir comprovam essa afirmação, **exceto**:

a) "O resultado final é um registro detalhado e atual do que querem os jovens brasileiros com relação à sua educação [...]."

b) "Convidamos você a se juntar a nós nessa luta. Boa leitura!"

c) "Todas essas variáveis nos mostram que o jovem que respondeu nossa pesquisa é uma amostra particular dos jovens brasileiros."

d) "Dessas, decidimos focar nos 11.519 respondentes com idade entre 9 e 24 anos [...]."

10. Observe o termo destacado no trecho a seguir.

> [...] Finalmente, podemos observar que o gosto pelo estudo não teve grande variação com a classe social, apesar das piores condições [...] em que os alunos de mais baixa renda se encontram. **Inclusive**, curiosamente, nossa amostra demonstrou uma queda sistemática na vontade de ir à escola conforme a renda familiar aumenta. Padrão semelhante foi encontrado na crença de que a educação os ajudará a alcançar seus sonhos [...].

- Esse termo poderia ser substituído, sem prejuízo de sentido, por:

a) Porém

b) Também

c) Dessa forma

d) Porque

11. Qual foi o registro de linguagem utilizado no relatório? Explique o motivo para esse uso, considerando o público ao qual esse gênero se destina.

_____
_____
_____
_____

12. Levando em conta o relatório de pesquisa, de que maneira os resultados se relacionam com a realidade escolar que você vive? Você conhece outras realidades?

_____
_____
_____
_____

Mecanismos de progressão textual e paralelismo

1 Leia novamente dois trechos do relatório.

> A pesquisa e a entrevista se complementam – a primeira proporcionando uma visão mais sistemática e em grande escala, e a segunda contribuindo com mais profundidade sobre o pensamento dos jovens.

> Nossa pesquisa recebeu 12.132 respostas. Dessas, decidimos focar nos 11.519 respondentes com idade entre 9 e 24 anos, por estarmos interessados na voz do jovem em idade escolar. Essa faixa etária corresponde a 95% das respostas.

a) No primeiro trecho, que expressões foram utilizadas para retomar **pesquisa** e **entrevista**?

_____

b) No segundo trecho, **dessas** e **essa faixa etária** retomam que palavras ou expressões?

_____

c) Qual a importância desses recursos para a construção do texto?

_____
_____

2 Agora leia um trecho da conclusão do relatório.

> Descobrimos que precisamos revolucionar o conteúdo das salas de aula e a maneira como ele é ensinado; envolver mais a comunidade escolar como um todo nas decisões que a afetam; valorizar professores e atentar para a grande desigualdade de recursos educacionais entre famílias em diferentes faixas de renda, o que causa uma grande injustiça a cada nova geração de estudantes. [...]

• Observe a estrutura linguística do período destacado:

Descobrimos que precisamos:
- **revolucionar** o conteúdo das salas de aula e a maneira como ele é ensinado;
- **envolver** mais a comunidade escolar como um todo nas decisões que a afetam;
- **valorizar** professores;
- **atentar** para a grande desigualdade de recursos educacionais entre famílias em diferentes faixas de renda, o que causa uma grande injustiça a cada nova geração de estudantes.

a) Morfologicamente, o que é comum entre os verbos utilizados para iniciar as orações?

b) Reescreva o período, substituindo os verbos por substantivos. Faça as adaptações necessárias, mas mantenha o sentido original do texto.

Dizemos que há **paralelismo** entre palavras ou expressões quando elas apresentam relações semelhantes entre si. Essas relações podem ser:
- **morfológicas:** quando as palavras ou expressões são da mesma classe gramatical;
- **sintáticas:** quando termos ou orações exercem a mesma função sintática; ou
- **semânticas:** quando há correspondências de sentido entre elas.

3 Identifique os paralelismos empregados nos trechos a seguir.

a) "Um legado das ocupações das escolas em São Paulo, na opinião dos jovens entrevistados que delas participaram, foi o interesse dos alunos em escolher temas, planejar e gerir o conteúdo das atividades de ensino que seriam realizadas [...]."

b) "Isso os afasta da família, de atividades de lazer [...]."

c) "Os docentes são aliados dos estudantes na construção do conhecimento, na motivação e orientação dos alunos; eles são a figura que facilita o acesso e a compreensão de conteúdos e conhecimentos. [...]"

TEXTO 2

Antes de ler

1. Leia o título do texto ao lado. Qual é o efeito de sentido da preposição **de**?
2. Algumas vezes, a carta é um gênero textual voltado para a intimidade, para assuntos pessoais. O texto que você vai ler é uma **carta aberta**. O que você sabe sobre textos desse gênero?

Carta Aberta da Escola

Sou a escola brasileira e me dirijo a todos vocês que um dia atravessaram os meus portões como estudantes, educadores, familiares ou comunidade para compartilhar uma ideia que há muito me **inquieta**: preciso me transformar!

Quero mudar para fazer sentido para crianças e jovens que já nasceram no século XXI. Quero ver seus olhos brilhando de encantamento, suas mentes **fervilhando** de ideias e seus corações recheados de esperança com os conhecimentos e as experiências que sou capaz de lhes proporcionar. Meu sonho é me reconectar com os sonhos dos estudantes.

Sei que esse sonho é possível, pois já são muitos os exemplos de mudanças que estão acontecendo a partir do esforço de **gestores**, educadores, estudantes, organizações e movimentos sociais, empreendedores e ativistas pela educação. Mas também estou certa de que esse propósito só será alcançado se for abraçado por toda a sociedade brasileira.

Falo de uma transformação profunda. Não quero me transformar em um parque de diversões. Sei que a minha missão é outra. Mas também compreendo que não conseguirei fazer diferença na vida dos estudantes se obrigá-los a aprender o que já não lhes serve mais e de um jeito que não se conecta com o seu próprio jeito de ser e de aprender.

Percebo que a forma como me organizo segue a força do hábito e nem sempre surte o efeito esperado. São tantos anos agindo dessa mesma maneira, que tenho dificuldade de me reinventar. [...]

Sofro ao sentir que o entusiasmo dos estudantes por mim diminui no decorrer da sua vida escolar. A animação inicial vai dando lugar ao desinteresse, à desilusão e, às vezes, até ao desprezo e à agressão. Muitos estudantes me abandonam antes mesmo de concluir a sua trajetória escolar. Outros me criticam e me depredam sem **compaixão**.

Reconheço que não sou a única responsável por esse afastamento, mas também sei que, quando sou mais acolhedora, participativa e **instigante**, consigo conquistar o respeito, a admiração e o carinho dos meus alunos e de toda a comunidade escolar. Por isso, preciso me transformar!

Tanto os estudantes quanto a sociedade brasileira precisam de mim para realizar o seu potencial e progredir. Não posso decepcioná-los. Para tanto, é importante que eu reinvente minhas práticas, espaços, tempos, papéis e relações.

A realidade atual exige que meus alunos se desenvolvam em todos os aspectos: intelectual, social, emocional, físico e cultural. Eles têm que aprender a ler e escrever com fluência, mas também argumentar e se comunicar com diferentes interlocutores através de diversas mídias. Precisam saber as operações matemáticas, bem como resolver problemas de forma criativa e inovadora. Devem aprender a conhecer e cuidar de si mesmos, dos que estão à sua volta e das questões coletivas. Precisam saber sobre os fenômenos naturais e sociais, sempre utilizando esses conhecimentos com criticidade para tomar decisões éticas, solidárias e sustentáveis.

Glossário

compaixão: misericórdia, compadecimento.
fervilhar: ferver, agitar.
fluência: naturalidade, espontaneidade.
gestor: administrador, diretor.
inquietar: desassossegar, preocupar.
instigante: provocador, estimulante.

Não posso oferecer as mesmas aulas expositivas de sempre. Tenho que organizar atividades mais interativas e mão na massa, pois essas novas gerações aprendem melhor a partir da prática. Preciso incorporar as novas tecnologias que, além de aproximar a aprendizagem do universo dos estudantes, prepara-os para navegar em um mundo cada vez mais conectado. Tenho que conhecer melhor cada um dos meus alunos e abrir espaço para que também participem do meu cotidiano e me ajudem a me atualizar.

[...]

Mais do que necessária, minha transformação se faz urgente. Não posso permitir que nenhum aluno me deixe sem estar preparado como pessoa, profissional e cidadão para construir uma vida melhor para si e para o nosso país. Não posso permitir que os educadores adoeçam no exercício da sua profissão, nem que as famílias e a sociedade brasileira duvidem do meu valor.

Por isso, convido você que acredita na minha capacidade de transformar vidas a participar desse processo comigo. Escolha transformar a escola!

Escolha Transformar!

CARTA aberta da escola. *In*: ESCOLHA TRANSFORMAR. [*S. l.*], [201-]. Disponível em: https://escolhatransformar.org.br. Acesso em: 19 abr. 2020.

Interagindo com a carta aberta

1. A estrutura de uma carta apresenta elementos básicos para atender à finalidade comunicativa desse gênero textual. Complete o quadro com os elementos relacionados à estrutura da carta aberta que você leu.

TÍTULO	
REMETENTE	
DESTINATÁRIO	
ASSUNTO	
FINALIDADE	

2. Como em uma carta aberta há uma interação com um público bastante amplo, é preciso haver a identificação do locutor textual. Transcreva do texto o trecho em que há essa identificação.

___

3. Na carta aberta lida, para fundamentar a ideia "preciso me transformar!", emprega-se a seguinte justificativa:

   a) "Quero mudar para fazer sentido para crianças e jovens que já nasceram no século XXI."

   b) "Falo de uma transformação profunda. Não quero me transformar em um parque de diversões."

   c) "Reconheço que não sou a única responsável por esse afastamento [...]."

   d) "Tenho que conhecer melhor cada um dos meus alunos [...]."

4. A carta é um gênero textual marcado pela pessoalidade. Como, na carta aberta que você leu, essa pessoalidade se manifesta? Fundamente sua resposta com elementos textuais.

___

5 A principal finalidade comunicativa de uma carta aberta é

☐ apresentar questões de cunho pessoal a um interlocutor.

☐ divulgar um ponto de vista de interesse coletivo a um público amplo.

6 Uma das estratégias textuais de uma carta aberta é a simulação de interlocução, ou seja, a criação da sensação de diálogo próximo com o interlocutor. Selecione e transcreva exemplos desse recurso evidentes na carta lida.

_____
_____
_____
_____

7 A carta aberta visa mobilizar um público amplo para, em geral, tratar de um problema de interesse coletivo e propor ações para transformá-lo. Por isso, o tom argumentativo é evidente nesse gênero, uma vez que o texto apoia-se em um ponto de vista – chamado também de **tese** – que precisa ser sustentado.

a) Qual é o ponto de vista defendido na carta aberta lida?

_____
_____
_____

b) Analise os trechos abaixo e, em seguida, faça a correta associação entre as colunas, indicando a estratégia argumentativa empregada.

I. Exemplificação   **II.** Fatos   **III.** Causa e consequência

☐ "Não posso oferecer as mesmas aulas expositivas de sempre. Tenho que organizar atividades mais interativas e mão na massa, pois essas novas gerações aprendem melhor a partir da prática. Preciso incorporar as novas tecnologias que, além de aproximar a aprendizagem do universo dos estudantes, prepara-os para navegar em um mundo cada vez mais conectado."

☐ "A realidade atual exige que meus alunos se desenvolvam em todos os aspectos: intelectual, social, emocional, físico e cultural. Eles têm que aprender a ler e escrever com fluência, mas também argumentar e se comunicar com diferentes interlocutores através de diversas mídias."

☐ "Sei que esse sonho é possível, pois já são muitos os exemplos de mudanças que estão acontecendo a partir do esforço de gestores, educadores, estudantes, organizações e movimentos sociais, empreendedores e ativistas pela educação."

8 Releia o trecho a seguir e responda às questões.

> Falo de uma transformação profunda. Não quero me transformar em um **parque de diversões**. Sei que a minha missão é outra. [...]

a) O emprego da expressão destacada opera conotativa ou denotativamente no texto? Justifique.

b) Por que o uso de recursos de linguagem como o indicado no item **a** é importante na carta aberta?

9 Por apresentar a defesa de um ponto de vista, a carta aberta percorre uma introdução, um desenvolvimento e uma conclusão. A que conclusão o texto chega?

_____
_____
_____
_____
_____

10 Ao término da carta aberta, faz-se uso do tom imperativo para demarcar a tese proposta. Em qual trecho do último parágrafo do texto essa estratégia é empregada?

_____

11 Considerando os aspectos relacionados à composição do texto, assinale as alternativas corretas.

a) Em linhas gerais, a carta aberta lida faz uso do

☐ registro formal.

☐ registro informal.

b) Na carta aberta, a linguagem é

☐ técnica, sinuosa e complexa.

☐ simples, direta e clara.

c) Por que, na composição da carta aberta, essas opções são feitas?

_____
_____
_____
_____

Participação cidadã

A democracia pressupõe a participação dos cidadãos nos rumos da sociedade. Além do voto, há diversas maneiras de possibilitar esse envolvimento. Conselhos municipais, audiências públicas, portais da transparência, aplicativos, movimentos e coletivos sociais são algumas formas que dizem respeito à corresponsabilidade na vida em grupo.

Nas cidades brasileiras, existem os conselhos temáticos, como os de Saúde, Educação, Infância e Meio Ambiente, e a participação nesses espaços é uma forma de contribuir com a qualidade de vida no município. Também é relevante que os cidadãos participem das audiências públicas, que são reuniões realizadas nas casas legislativas para debater questões de orçamento, propostas de leis e outros assuntos de interesse da população.

Digitalmente, os cidadãos podem se valer dos portais da transparência para fazer o acompanhamento das receitas, despesas e licitações públicas. Além disso, alguns aplicativos, como **Colab**, **Monitorando a Cidade** e **Cidadera**, possibilitam a interação dos habitantes por meio de ações virtuais que contribuem para promover melhorias no espaço público. Por fim, conhecer, articular, dialogar e se comprometer com coletivos e movimentos sociais são ações essenciais para entender as demandas que estão presentes na sociedade.

A circulação e a função dos textos

O gênero de um texto é identificado por seu formato e características discursivas. Nesta unidade, por exemplo, você conheceu um relatório de pesquisa e uma carta aberta, podendo observar em que se diferenciam e o que têm em comum.

Em cada unidade, você vai identificar o objetivo comunicativo do texto, identificando a função para a qual ele foi escrito. Assim, o principal objetivo de um texto pode ser, por exemplo, expor conhecimento – como o relatório de pesquisa lido – ou argumentar – como a carta aberta. Nesse sentido, um gênero textual pode ser escrito com objetivos diferentes: uma crônica pode ser narrativa – contar uma história que envolve o cotidiano do autor –, ou argumentativa; uma entrevista pode ter como finalidade indagar um entrevistado para levantar suas experiências pessoais e relatá-las para um leitor ou ouvinte, assim como levar o entrevistado a analisar um assunto e defender uma opinião sobre ele.

Além disso, os textos reúnem-se em campos de atuação, que são os contextos de circulação relacionados às situações sociais em que são utilizados. Ao longo do livro, vamos conhecer quatro campos:

Campo artístico-literário – contos, crônicas, poemas, cordéis, quadrinhos, charge/cartum, texto teatral etc.

Campo das práticas de estudo e pesquisa – relatório de pesquisa, ensaio, artigo acadêmico, notas de divulgação científica, verbetes etc.

Campo jornalístico-midiático – notícia, entrevista, reportagem, artigo de opinião, editorial, resenha crítica, crônica, charge, anúncio publicitário, propaganda etc.

Campo de atuação na vida pública – carta aberta, discussão oral, debate, palestra, notícia, reportagem, artigo de opinião, cartaz, propaganda, abaixo-assinado etc.

Vamos comparar?

Relatório de pesquisa e carta aberta

1 Leia o mapa mental a seguir. Você pode consultá-lo sempre que quiser se lembrar dos principais elementos dos gêneros **Relatório de pesquisa** e **Carta aberta**.

2 Para compreender melhor a relação entre os gêneros estudados nesta unidade, bem como a tipologia e o campo de atuação a que pertencem, complete o quadro a seguir com o título e o gênero dos textos.

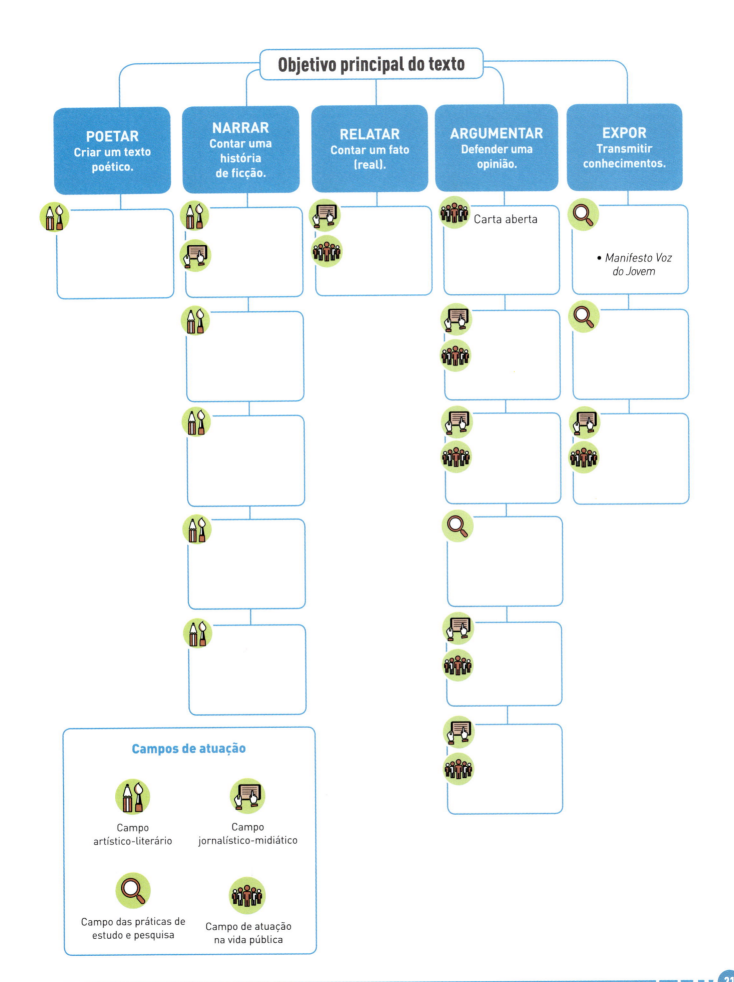

Oficina de produção oral

Enquete

A **enquete** pode ser uma pesquisa jornalística de opinião ou uma pesquisa científica. Geralmente, acontece em forma de entrevista sobre um tema atual, por meio de questões objetivas. Também costuma ser chamada de **pesquisa de opinião** ou **povo fala**.

Nesta unidade, conhecemos o gênero **relatório de pesquisa**. Mas, antes da elaboração do relatório, é preciso realizar a coleta de informações, o que pode ser feito por meio de uma enquete. Vamos conhecer e produzir esse gênero.

CONHECER

1. Você já participou de uma enquete?
2. Reunidos em grupos de até quatro componentes, vocês farão uma enquete com a comunidade escolar (alunos, professores, diretores, funcionários, pais ou responsáveis, vizinhos da escola etc.) sobre a escola que todos queremos.

PLANEJAR

3. Organizem as perguntas da enquete em uma folha avulsa e façam 20 cópias, pois esse será o número de pessoas entrevistadas. Diversifiquem os entrevistados, tendo em vista os participantes da comunidade escolar.
4. Utilizem a ficha-modelo a seguir. O grupo pode acrescentar perguntas, desde que elas sejam feitas a todos os entrevistados.

Nome	
Idade	
Escolaridade	
Ocupação	

As instalações da escola são boas?	☐ Sim	☐ Não
Os professores da escola são bons?	☐ Sim	☐ Não
Os alunos da escola têm boa reputação?	☐ Sim	☐ Não
Você percebe a participação colaborativa das famílias na escola?	☐ Sim	☐ Não
Você acha que a educação pode mudar a vida das pessoas?	☐ Sim	☐ Não
Você acha que a educação pode mudar o país?	☐ Sim	☐ Não
A escola está adequada para o século XXI?	☐ Sim	☐ Não
Na sua opinião, o que deve ser feito para melhorar a escola e a educação em geral?		

PRODUZIR

5. No dia da coleta, o grupo pode se dividir para realizar as entrevistas. Aproximem-se das pessoas com gentileza, apresentem a ideia do trabalho a elas e perguntem se podem responder à enquete. Vocês, e não os entrevistados, deverão anotar as respostas. Por isso, uma dica é utilizar pranchetas ou cadernos como suporte.
6. Após a aplicação da enquete, reúnam os questionários e compilem os dados, verificando quantas foram as respostas para cada pergunta, no caso de perguntas objetivas.
7. No caso de perguntas abertas, selecionem algumas respostas para serem transcritas. Busquem, nesse caso, mapear as respostas mais frequentes.
8. Com base nos dados compilados, vocês vão elaborar o relatório de pesquisa escrito.
9. Para enriquecer o relatório, podem ser utilizados gráficos ou infográficos com os dados coletados na enquete.
10. Se escolherem fazer gráficos, utilizem formatos variados (colunas, linhas, *pizza*, barra, pirâmide etc.), mas atentem para que as informações fiquem claras e compreensíveis.
11. Caso escolham fazer infográficos, lembrem-se de que esse gênero reúne imagens que representam os dados estáticos. Procurem modelos na internet, para se inspirarem. Façam um bem dinâmico e criativo.

REVISAR

12. Conversem entre si e confiram se alcançaram os objetivos a seguir.
    - Vocês conseguiram dividir as tarefas para a realização da enquete?
    - Cada um fez sua parte adequadamente?
    - Todos contribuíram para a realização da atividade?
    - Os dados compilados expressam adequadamente as informações coletadas?
13. Em seguida, troquem as informações compiladas da enquete com outro grupo, avaliando os aspectos a seguir.
    - Todas as respostas para a enquete foram compiladas em números?
    - A seleção das respostas discursivas foi organizada por tópicos?
    - Caso tenham sido feitos gráficos e infográficos, estes estão claros e objetivos?
14. Façam ajustes para futuras aplicações de enquetes, caso seja necessário.

COMPARTILHAR

15. Para comunicar os resultados da enquete, vocês vão elaborar o relatório de pesquisa, conforme as instruções dadas na próxima seção.

Oficina de produção escrita

Relatório de pesquisa

Os dados que vocês coletaram na enquete servirão de base para a elaboração de um relatório de pesquisa com um infográfico para ser exposto no mural da escola. Antes da produção, porém, vamos recordar algumas características desse gênero.

RECORDAR

1. Você já procurou em um dicionário o que significa a palavra **relatório**? Leia a definição abaixo.

> ▶ **relatório** re·la·tó·ri·o sm **1.** Exposição por escrito sobre a sequência de um acontecimento qualquer. **2.** Descrição minuciosa e circunstanciada dos fatos ocorridos na gerência de administração pública ou de sociedade. **3.** Exposição por escrito sobre as circunstâncias em que está redigido um documento ou projeto, acompanhado dos argumentos que militam a favor ou contra a sua adoção. [...]

RELATÓRIO. *Michaelis,* c2020. Disponível em: https://michaelis.uol.com.br/moderno-portugues/busca/portugues-brasileiro/relatório/. Acesso em: 19 abr. 2020.

2. Como você pôde ver, o relatório faz uma descrição detalhada que sustenta uma exposição sobre um tema. No caso do relatório de pesquisa, esse detalhamento é feito a partir de dados e informações relacionados à divulgação do conhecimento.

PLANEJAR

> **Infográficos** são textos explicativos que reúnem elementos verbais e não verbais, como gráficos, imagens, ícones etc. Eles são comuns em textos relacionados à divulgação de conhecimento, como reportagens e pesquisas.

3. A produção será realizada pelos mesmos integrantes dos grupos que realizaram a enquete. Reúnam os dados compilados, pois eles servirão de base para a produção de um infográfico.

4. Pensem nas partes que compõem um relatório:
   - **Introdução:** Qual foi o objetivo da enquete? Por que esse tipo de pesquisa é importante?
   - **Metodologia:** Como a enquete foi realizada? Como os dados foram coletados?
   - **Perfil dos participantes:** Quem são as pessoas que responderam à enquete?
   - **Análise dos dados:** Como os dados podem ser organizados em um infográfico?
   - **Conclusão:** O que os dados coletados indicaram?

5. Realizem pesquisas em fontes confiáveis para conhecer exemplos de relatórios de pesquisa e reunir informações que os auxiliem a responder a essas perguntas.

34

PRODUZIR

6. Organizem em um infográfico os dados coletados na enquete. Ele deve ser criativo e utilizar diferentes recursos visuais para atrair a atenção do leitor.
7. Desenvolvam as partes do relatório, respondendo às perguntas apresentadas anteriormente em dois ou três parágrafos para cada item.
8. Utilizem o registro formal e escrevam com objetividade e clareza, de modo que o relatório seja acessível aos leitores.

REVISAR

9. Troquem o relatório com outra equipe e avaliem os aspectos a seguir.
    - O relatório apresenta e analisa os dados coletados na enquete?
    - O infográfico é criativo e dinâmico?
    - A linguagem está clara e foi utilizado o registro formal da língua portuguesa?
10. Façam os ajustes apontados pelos colegas e entreguem a versão final ao professor.

COMPARTILHAR

11. Digitem os relatórios de pesquisa utilizando um programa de edição de textos e incluam o infográfico, que pode ser convertido em uma versão digital.
12. Apresentem os resultados para a turma e, depois, afixem os relatórios no mural da escola, para que a informação chegue à comunidade escolar.

 Conheça

Livro
- *Cidades rebeldes*: passe livre e as manifestações que tomaram as ruas do Brasil, de David Harvey e outros. São Paulo: Boitempo, 2015.

Filmes
- *Edukators — Os Educadores*, direção de Hans Weingarther. Alemanha, 2004. 127 min.
- *Efeito Pigmaleão* (título original: *La vie scolaire*), direção de Grand Corps Malade e Mehdi Idir. França, 2019. 111 min.

Site/Podcast
- Mapa Educação. Disponível em: https://mapaeducacao.com/.
- *Podcast* Pós-jovem. Disponível em: https://open.spotify.com/show/5UWzOfpYNRfwwZw5YnMcn8?si=3-rVguIXSIKW25MxuBJqMA. (Acessos em: 19 abr. 2020.)

UNIDADE 2

Verdade e democracia

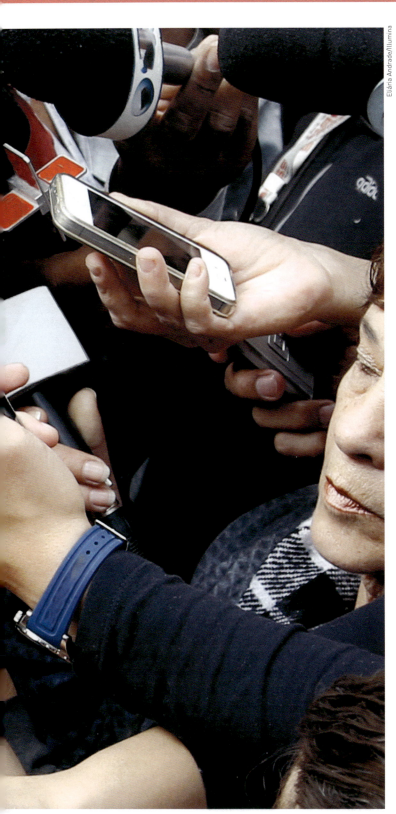

Coletiva de imprensa. São Paulo (SP), 2014.

Você já deve ter ouvido que vivemos a era da informação. O tempo todo somos bombardeados por um fluxo de dados, notícias, opiniões, na televisão ou nas redes sociais, por exemplo. Lidar com essa quantidade de informações e saber selecionar o que, de fato, interessa ou é importante nem sempre é uma tarefa fácil. Além disso, sabemos que nem toda informação que recebemos é verdadeira…

Em meio a esse fluxo intenso, notícias de conteúdo duvidoso ou mesmo falso são passadas e repassadas com maior facilidade. São as chamadas notícias falsas, ou *fake news*, que são o tema desta unidade. Você lerá textos que motivam uma reflexão sobre a temática, pois desenvolver senso crítico é fundamental para evitarmos as *fake news* e a difusão delas. Olhos atentos!

Observe a foto e leia a legenda.
- Descreva a cena e suas impressões sobre a situação retratada.
- Qual é a importância do jornalismo na sociedade atual?
- Você costuma verificar a veracidade das notícias que lê, para evitar *fake news*?

O que você vai estudar?
Gêneros
- Anúncio publicitário
- Entrevista

Língua e linguagem
- Mecanismos de progressão textual e operadores discursivos

O que você vai produzir?
Oficina de produção
- Anúncio publicitário (multimodal)
- Entrevista (oral)

TEXTO 1

Antes de ler

1. Observe a estrutura do texto que você vai ler. A que gênero você acha que ele pertence?
2. Certamente, você já ouviu falar em *fake news*. O que você sabe sobre o assunto?

Fake news

Ação traz dicas para identificar e barrar a reprodução de boatos e inverdades na internet

A Confederação Nacional dos Dirigentes Lojistas (CNDL) lançou neste mês a campanha "Fake News", cujo objetivo é fazer um alerta contra a propagação de notícias falsas nas redes sociais. A campanha tem foco nas redes sociais e as peças divulgadas apresentam dicas sobre como identificar notícias falsas e proceder diante dessas situações. [...]

CNDL. *CNDL lança campanha contra compartilhamento de notícias falsas nas redes sociais*. [Divinópolis]: [201-]. Disponível em: https://g37.com.br/c/brasil/cndl-lanca-campanha-contra-compartilhamento-de-noticias-falsas-nas-redes-sociais. Acesso em: 22 abr. 2020

Interagindo com o anúncio publicitário

1) A expressão *fake news* é um **estrangeirismo** e significa 'notícias falsas'.

a) Leia a seguir a definição de estrangeirismo. Depois, pesquise a origem da expressão *fake news* e compartilhe com os colegas o que encontrou.

> O **estrangeirismo**, também conhecido como empréstimo linguístico, é um fenômeno que consiste no emprego de palavras ou expressões vindas de outro idioma. Geralmente, acontece de modo espontâneo, e, com o tempo, as palavras ou expressões são incorporadas ao vocabulário da língua receptora. Alguns exemplos de estrangeirismos são: *ballet* (balé), *chip*, *delivery* e *happy hour*.

b) Agora leia a matéria a seguir.

#Verificamos: É falso que WhatsApp teve bloqueio determinado pela Justiça em 2020

Circula no WhatsApp e no TikTok um vídeo de uma reportagem da GloboNews que fala sobre um bloqueio no aplicativo WhatsApp. Uma legenda inserida na gravação diz se tratar do primeiro bloqueio do aplicativo em 2020. A interrupção passaria a valer à meia-noite, mas não há uma especificação do dia e do mês. [...]

FALSO

A informação analisada pela **Lupa** é falsa. Em nota, a assessoria de imprensa do WhatsApp afirmou que "não há qualquer pedido de bloqueio do WhatsApp feito em 2020". O vídeo utilizado na publicação mostra, na verdade, uma reportagem da GloboNews de 16 de dezembro de 2015 – e não deste ano.

Na época, o aplicativo foi bloqueado por uma decisão da 1ª Vara Criminal de São Bernardo do Campo, em uma ação criminal que corria em segredo de Justiça. [...]

Plínio Lopes. #Verificamos: É falso que WhatsApp teve bloqueio determinado pela Justiça em 2020. *Agência Lupa,* 20 abr. 2020. Disponível em: https://piaui.folha.uol.com.br/lupa/2020/04/20/verificamos-whatsapp-bloqueio-2020/. Acesso em: 23 abr. 2020.

c) Pesquise, em fontes confiáveis, um exemplo de notícia falsa, apresentando, também, a informação verdadeira. Lembre-se de citar as fontes.

2 Observe o título do texto.

Confederação Nacional dos Dirigentes Lojistas

- Por que foi utilizado um ponto de exclamação dentro de um hexágono?
_____
_____
_____
_____
_____

3 O texto verbal e os diversos recursos linguísticos de que ele dispõe são utilizados no anúncio com funções diversas. Sobre isso, assinale a opção incorreta.

a) O pronome **você** é utilizado para se referir ao leitor, tendo como objetivo chamar a atenção dele e motivar uma ação.

b) Expressões verbais e verbos como **não passe** e **quebre** são flexionados no modo imperativo com o objetivo de dar uma instrução ou ordem, visando motivar o leitor a concordar com a ideia do anúncio.

c) A palavra **se** transmite a ideia de hipótese e é utilizada para motivar o leitor a checar as notícias que recebe, já que elas podem ou não ser falsas.

d) As reticências, os dois-pontos e o ponto de exclamação poderiam ser substituídos por ponto final sem interferir no sentido das frases.

4 Observe a imagem utilizada no anúncio. Ela foi escolhida aleatoriamente? Descreva-a, explicando o provável motivo da escolha.
_____
_____
_____
_____
_____
_____
_____
_____

5) Leia a seguir a definição de logotipo.

- Agora observe os logotipos que aparecem no final do anúncio.

> **Logotipo** é o símbolo utilizado para representar uma instituição ou empresa. Esse termo vem do grego *logos* (significado) + *typos* (símbolo ou figura), o que explica o fato de os logotipos geralmente apresentarem uma palavra ou sigla e uma imagem representativa.

a) Qual é a função dessa parte do texto?

_____
_____
_____
_____

b) Alguns logotipos são acompanhados do símbolo ®. O que ele representa?

_____
_____
_____
_____
_____

- Leia os anúncios a seguir para responder às questões de **6** a **9**.

Disponível em: https://www.cnj.jus.br/programas-e-acoes/painel-de-checagem-de-fake-news/campanhas/. Acesso em: 22 abr. 2020.

A **campanha educativa** reúne diferentes peças, como são chamados os vários tipos de material de publicidade e anúncio: *spot* (áudio) de rádio, cartaz, vídeo, página para revista e jornal etc. Cada peça é destinada a um veículo de comunicação, e todas as peças têm o mesmo tema. A campanha pode ainda ter várias peças de um único tipo, cujos formatos são semelhantes.

Intertextualidade acontece quando um texto faz menção direta ou indireta a outro texto.

6. Observe que os três anúncios são semelhantes. Isso ocorre porque eles fazem parte de uma campanha educativa.

a) Quais são os personagens representados nas imagens?
___
___

b) Com base em sua resposta anterior, levante hipóteses: esses anúncios estabelecem intertextualidade com qual outro gênero textual?
___
___
___
___

7 Explique a relação estabelecida pelo personagem representado e o texto principal de cada anúncio. Caso seja necessário, realize uma pesquisa em *sites* e livros para auxiliar na resposta.

_____
_____
_____
_____
_____
_____
_____
_____
_____
_____
_____

8 Observe o símbolo que acompanha os três anúncios.

- Explique o que ele significa.

_____
_____
_____
_____
_____
_____
_____

9 Os verbos **desconfie**, **leia**, **busque** e **pesquise** transmitem a ideia de:

a) dúvida.
b) certeza.
c) ordem.
d) afirmação.

TEXTO 2

Antes de ler

1. Leia o título e o subtítulo do texto. De que assunto ele parece tratar?
2. O que você pensa sobre a circulação de desinformação? Por que é importante combater notícias falsas, boatos e informações enganosas?

Como agir para impedir a circulação de desinformação?

Em entrevista, Pedro Burgos analisa os principais impactos das fake news *neste momento de pandemia, as medidas criadas por estados e plataformas para combatê-las e como podemos agir para impedir a sua circulação [...]*

14/05/2020

1) Quais os principais impactos que as *fake news* podem causar, principalmente neste momento de pandemia?

As *fake news* podem gerar problemas de todos os tipos, tanto individuais quanto coletivos. Uma informação falsa sobre a eficácia de tratamentos médicos, por exemplo, pode levar alguém a usar um remédio com sérios efeitos **colaterais**. Mas o impacto das *fake news* não se restringe ao indivíduo, já que, no caso de uma pandemia, uma pessoa que se expõe mais ao vírus por acreditar em informação duvidosa coloca em risco muito mais gente. Além disso, o constante questionamento da seriedade dos conselhos das autoridades de saúde e cientistas levam a um ambiente de desconfiança aguda, que pode ter **repercussões** que não se encerram nessa pandemia. O movimento antivacina é um exemplo disso.

2) Alguns estados estão criando multas com o objetivo de punir quem cria e/ou divulga *fake news*. Qual a sua visão sobre esse tipo de medida?

É um tema bastante complicado. De maneira geral, sou contra novas leis, porque já há no nosso **arcabouço** legal maneiras de **tipificar** crimes relacionados a *fake news*. Uma mulher em Belo Horizonte que espalhou a notícia de que caixões vazios estavam sendo sepultados foi **indiciada**, porque existem contravenções como "propagação de pânico", "denunciação caluniosa", etc. E, mesmo se bem-intencionadas, novas leis podem gerar efeitos perversos contra a liberdade de expressão, como vimos em países que endureceram contra a desinformação, como a Alemanha. Especialmente em ano eleitoral, diria que é preciso tomar cuidado.

3) As plataformas digitais estão colaborando com o combate às *fake news*? Há experiências que podemos destacar?

Creio que, no geral, sim. No Facebook é cada vez mais comum ver alertas de notícia potencialmente falsa, Instagram e Twitter têm se esforçado em apagar ou diminuir o alcance de postagens com informações falsas de saúde... No buscador Google e no Youtube, os vídeos de fontes científicas aparecem em primeiro lugar nas buscas, com destaque. Mesmo no WhatsApp, onde é mais difícil conter a desinformação, limitou-se bastante a capacidade de compartilhamento de mensagens. Então, acho que, se compararmos com outras crises, ou mesmo eleições anteriores, há avanços. Mas claro que elas poderiam fazer mais. É um processo.

4) Como todos nós podemos colaborar para impedir a circulação de *fake news*?

Creio que o segredo é manter mais afiado nosso senso crítico. Se uma notícia é muito bombástica, se um número parece muito absurdo, ou se há a informação de uma cura milagrosa, é melhor desconfiar. Antes de compartilhar uma notícia, cheque se ela foi dada por alguma fonte de confiança, um veículo jornalístico grande, ou se foi referendada por um especialista. Além disso, há uma série de *sites* com checagens de boatos que têm feito um excelente trabalho e devem ser consultados. Quando me deparo com uma notícia duvidosa, eu não falo simplesmente "é falso", mas coloco junto um *link* de uma checagem já pronta, que traz todas as evidências.

5) Onde podemos encontrar material de referência para aprofundar a discussão sobre esse tema?

Do ponto de vista do consumidor de notícias ou informações, no geral, recomendo acompanhar o trabalho das agências de checagem, como o Aos Fatos, Agência Lupa e o projeto Comprova. Em termos de estudos sobre o tema, muita coisa está sendo produzida no First Draft e no Shorenstein Center, de Harvard. A ciência da desinformação – por que as pessoas acreditam nessas histórias, como as *fake news* se propagam, como diminuir o contágio, etc. – é um campo relativamente novo, mas tem se mostrado extremamente importante. Especialmente em uma crise como essa.

Pedro Burgos. Coordenador do Programa Avançado em Comunicação e Jornalismo do Insper, é jornalista e programador. Antes de chegar ao Insper, em 2019, foi por dois anos *Knight Fellow* do Centro Internacional para Jornalistas (ICFJ), onde desenvolveu um projeto de medição do impacto do jornalismo (Impacto.jor), com apoio do Google News Initiative. Além do trabalho no Insper, é atualmente conselheiro editorial do *site* de notícias Vortex Media, colunista da revista *Época* e membro do Conselho Consultivo da Agência Mural de Jornalismo das Periferias. Formado em Jornalismo pela Universidade de Brasília (UnB), tem mestrado em Jornalismo Social pela City University of New York e foi pesquisador visitante na School of International and Public Affairs da Universidade de Columbia. Como jornalista, passou por veículos como *Superinteressante*, *Gazeta do Povo*, *Jornal do Brasil*, *Gizmodo Brasil*, *The Marshall Project*, entre outros. Mais recente, como programador, desenvolveu projetos de automação do combate à desinformação para a agência de checagem Aos Fatos e o First Draft (EUA). É autor do livro *Conecte-se ao que importa – Manual da vida digital saudável* (2014).

Glossário

arcabouço: estrutura, alicerce.
colateral: paralelo.
indiciado: acusado, denunciado.
referendado: confirmado.
repercussão: efeito, consequência.
tipificar: caracterizar, distinguir.

INSPER. *Como agir para impedir a circulação de desinformação? Insper*, São Paulo, 14 maio 2020. Disponível em: https://www.insper.edu.br/noticias/fake-news-desinformacao-entrevista. Acesso em: 30 jul. 2020.

A entrevista que você acabou de ler é parte de um conjunto de iniciativas do Insper que oferece conteúdos sobre a pandemia de covid-19 no Brasil. Essas iniciativas são esforços da instituição para oferecer conteúdos especiais que podem auxiliar nas decisões e nos desafios das pessoas em relação a esse período de pandemia. A instituição tem a missão de gerar conhecimento que promova impactos positivos na sociedade. No Especial Coronavírus, entrevistas, matérias, vídeos e *webinars* foram disponibilizados gratuitamente pelo Insper para os leitores durante a pandemia.

Interagindo com a entrevista

1 No trabalho cotidiano do jornalismo, a entrevista é uma das formas mais frequentes de buscar e apurar a informação.

a) No texto lido, quem são o entrevistado e o entrevistador?

b) Qual é o tema da entrevista?

c) Na seção de perguntas e respostas da entrevista, como se distinguem as falas de quem entrevista e as de quem é entrevistado?

2 Releia o título e o subtítulo da entrevista.

> **Como agir para impedir a circulação de desinformação?**
>
> *Em entrevista, Pedro Burgos analisa os principais impactos das fake news neste momento de pandemia, as medidas criadas por estados e plataformas para combatê-las e como podemos agir para impedir a sua circulação*

a) Por que um ponto de interrogação é usado no título?

b) Qual é a função do subtítulo nessa entrevista?

46

3. A entrevista serve de base para que o jornalista possa compor uma matéria que requer um posicionamento, o discurso de um especialista, de uma testemunha etc. Em essência, esse gênero textual é baseado na oralidade, pois se trata de um diálogo que, posteriormente, pode ser transcrito, editado e publicado nas mídias impressa, televisiva, radiofônica e digital.

- Levante hipóteses: Como pode ter sido realizada a entrevista lida?

_____

_____

4. As entrevistas se estruturam basicamente em **manchete** (corresponde ao título), **apresentação** (trecho que contextualiza aspectos ligados ao tema da entrevista e detalha as credenciais do entrevistado) e **perguntas e respostas** (o conteúdo em si).

- Complete o quadro a seguir com os trechos que compõem a entrevista que você leu. No campo **Perguntas e respostas**, você pode indicar um exemplo apenas.

ESTRUTURA DA ENTREVISTA	
Manchete	
Apresentação	
Perguntas e respostas	

Tipos e finalidades das entrevistas no jornalismo

- **Em grupo, conhecida também como coletiva de imprensa:** é realizada simultaneamente por repórteres de mais de um veículo de comunicação e marcada pelo revezamento deles para fazer as perguntas.
- **Exclusiva:** é concedida a um único veículo de comunicação, que, por sua vez, divulga as informações coletadas em primeira mão.
- **Individual:** é feita por um único jornalista, demanda agendamento prévio e este é comunicado sobre a pauta da entrevista.
- **Opinativa:** reúne um ou mais especialistas de determinada área para o jornalista coletar análises críticas sobre determinado assunto.
- **Perfil:** apresenta aspectos relacionados a uma pessoa pública, como sua história de vida, seus hábitos, sua intimidade, sua formação, sua trajetória etc.
- **Pesquisa:** especialistas em certa área fornecem informações ao jornalista, que enriquecem a matéria jornalística.
- **Rotina:** os entrevistados fazem relatos de fatos cotidianos, que servem de base para os jornalistas comporem as notícias, pois apresentam o discurso de quem vivenciou os acontecimentos.

5 Segundo o entrevistado, as notícias falsas têm consequências individuais e coletivas.

a) Qual consequência individual o entrevistado apresenta?

_____
_____
_____
_____

b) E qual consequência coletiva?

_____
_____
_____
_____
_____

6 De acordo com Pedro Burgos, por que não há necessidade de criar leis para punir a criação ou a divulgação de *fake news*?

_____
_____
_____
_____
_____
_____
_____

7 De que maneira Pedro Burgos avalia o combate às *fake news* nas plataformas digitais?

_____
_____
_____
_____
_____

8 Segundo o entrevistado, o que cada rede social tem feito para combater as *fake news*?

Rede social	Ação de combate às *fake news*
Facebook	
Instagram	
Twitter	
YouTube	
WhatsApp	

9 Releia as perguntas a seguir:

> **Como todos nós podemos colaborar para impedir a circulação de *fake news*?**
>
> **Onde podemos encontrar material de referência para aprofundar a discussão sobre esse tema?**

- Nessas perguntas, por que se optou por usar a primeira pessoa do plural?

_____
_____
_____
_____
_____

10 Releia o trecho a seguir:

> **4) Como todos nós podemos colaborar para impedir a circulação de *fake news*?**
> Creio que o segredo é manter mais afiado nosso senso crítico. [...]

- O que significa "manter mais afiado nosso senso crítico"?

_____
_____
_____
_____
_____
_____
_____
_____

11 Qual é a razão de Pedro Burgos ser convidado para conceder essa entrevista sobre como impedir a circulação de *fake news*?

_____
_____
_____
_____
_____
_____
_____

12 Como resposta à última pergunta da entrevista, Burgos relaciona algumas dicas para quem quiser se aprofundar nessa temática. Em sua opinião, entre as dicas apresentadas por ele, qual é a mais relevante e por quê?

_____
_____
_____
_____
_____
_____

Educação para a cidadania virtual

A difusão de *fake news* não é um fenômeno que ocorre apenas na internet. Contudo, o ambiente virtual, por conta da facilidade, potencializa a rápida disseminação das notícias falsas, dos boatos, das informações equivocadas, e pode criar situações embaraçosas e comprometer a vida em sociedade.

Um estudo conduzido por pesquisadores da Universidade Stanford, nos Estados Unidos, mostrou que os alunos tinham muita dificuldade para verificar a credibilidade das informações na internet. Dos 7.804 entrevistados do ensino fundamental, médio e superior, 40% não distinguiam uma notícia falsa de uma verdadeira.

Uma das ações mais relevantes para se detectar e combater as notícias falsas é a promoção da educação virtual. Ou seja, nos anos de escolarização e no contexto familiar, é importante estimular o desenvolvimento do senso crítico dos cidadãos para não cederem aos apelos das *fake news*, as quais podem gerar tumultos na esfera pública e consequências sérias para todos.

Desse modo, a mídia, a família, a escola, as instituições, enfim, os agentes promotores da cidadania devem se empenhar no enfrentamento da disseminação de notícias falsas, a fim de que se construa uma sociedade baseada na verdade e na transparência.

No Brasil, a Lei nº 12.965, de 2014, conhecida como Marco Civil da Internet, busca regulamentar o uso da rede mundial de computadores no país. Com esse dispositivo legal, consegue-se amparo jurídico para combater a propagação de notícias falsas, pois usuários, provedores e locais de hospedagem se tornam todos corresponsáveis pelos conteúdos publicados.

Língua e linguagem

Mecanismos de progressão textual e operadores discursivos

 1 Releia o trecho a seguir.

> As *fake news* podem gerar problemas de todos os tipos, tanto individuais quanto coletivos. Uma informação falsa sobre a eficácia de tratamentos médicos, por exemplo, pode levar alguém a usar um remédio com sérios efeitos colaterais. Mas o impacto das *fake news* não se restringe ao indivíduo, já que, no caso de uma pandemia, uma pessoa que se expõe mais ao vírus por acreditar em informação duvidosa coloca em risco muito mais gente. Além **disso**, o constante questionamento da seriedade dos conselhos das autoridades de saúde e cientistas levam a um ambiente de desconfiança aguda, que pode ter repercussões que não se encerram nessa pandemia. O movimento antivacina é um exemplo **disso**.

a) A que se refere a primeira ocorrência da palavra **disso** destacada no trecho?

b) E a segunda ocorrência do termo?

2 Para sustentar a ideia de que as *fake news* geram consequências individuais e coletivas, Pedro Burgos se vale da estratégia argumentativa conhecida como:

a) argumento de autoridade.

b) causa e efeito.

c) comparação.

d) dados estatísticos.

e) exemplificação.

3 Argumentar é um exercício que exige muito do ponto de vista linguístico. Para pensar sobre isso, leia a definição a seguir, assim como o boxe conceito.

> ▶ **argumentar** [ar.gu.men.*tar*] *v.* **1** Apresentar razões ou argumentos. [*ti.* + *com, contra*: Argumentaram com boas citações de jurisprudência. **int.** O candidato argumenta bem.] **2** Discutir questionando; ALTERCAR [*ti.* + *com*: Estava disposto a argumentar com todos que se lhe opusessem. **int.** Argumentaram o dia inteiro e não chegaram a um acordo.] **3** Dar como argumento; ALEGAR. [**td.** Argumentou que não recebera a cópia do processo.] F.: Do lat. *argumentare*. Hom./Par.: argumento (fl.), argumento (sm.).]

ARGUMENTAR. *In*: DICIONÁRIO escolar de Língua Portuguesa Caldas Aulete. Rio de Janeiro: Lexikon, 2012. p. 68.

Na leitura e na elaboração do texto argumentativo, seja oral, seja escrito, é necessário recorrer a uma série de operadores discursivos, que são palavras ou expressões que garantem a coesão e a coerência do texto e permitem sua estruturação. Os operadores discursivos podem ter a função de:

- **acrescentar uma informação**: além disso, e, também, ainda, não só... mas também;
- **contrapor informações**: mas, porém, ainda que, embora, mesmo que, apesar de;
- **explicar informações**: já que, pois, porque, visto que, dado que, uma vez que;
- **propor uma conclusão**: portanto, dessa forma, logo, assim, então;
- **sugerir uma gradação**: até mesmo, inclusive, no máximo, no mínimo.

- Analise os operadores discursivos destacados nos trechos a seguir. Indique a função que cada operador exerce em cada trecho.

a) Mas o impacto das *fake news* não se restringe ao indivíduo, **já que**, no caso de uma pandemia, uma pessoa que se expõe mais ao vírus por acreditar em informação duvidosa coloca em risco muito mais gente.

b) Mesmo no WhatsApp, onde é mais difícil conter a desinformação, limitou-se bastante a capacidade de compartilhamento de mensagens. **Então**, acho que, se compararmos com outras crises, **ou** mesmo eleições anteriores, há avanços. **Mas** claro que elas poderiam fazer mais. É um processo.

c) Antes de compartilhar uma notícia, cheque **se** ela foi dada por alguma fonte de confiança, um veículo jornalístico grande, ou **se** foi referendada por um especialista.

 4 Releia o trecho seguinte:

No Facebook é cada vez mais comum ver alertas de notícia potencialmente falsa, Instagram e Twitter têm se esforçado em apagar ou diminuir o alcance de postagens com informações falsas de saúde... **No buscador Google** e **no Youtube**, os vídeos de fontes científicas aparecem em primeiro lugar nas buscas, com destaque. Mesmo **no WhatsApp**, onde é mais difícil conter a desinformação, limitou-se bastante a capacidade de compartilhamento de mensagens.

- Observe os excertos em destaque. Na resposta do entrevistado, eles criam um paralelismo que favorece a enunciação do que ele pretende comunicar. Explique o efeito de sentido gerado por essa estruturação dos períodos no trecho em questão.

Vamos comparar?

Anúncio publicitário e entrevista

1 Leia o mapa mental a seguir. Você pode consultá-lo sempre que quiser se lembrar dos principais elementos dos gêneros **Anúncio publicitário** e **Entrevista**.

Anúncio publicitário X Entrevista

Objetivo
- Convencer o leitor, com criatividade, a comprar uma ideia ou um produto.
- Apresentar relatos e opiniões de um entrevistado.

Estrutura (de modo geral)
- Imagem + texto (linguagem multimodal).
- Perguntas e respostas (diferenciadas, na escrita, por cores ou tipos de letras) → por escrito, áudio ou vídeo.

Linguagem
- Variável, de acordo com o público.
- * Perguntas – formal, norma-padrão;
- * Respostas – variável, de acordo com o entrevistado.

Suporte
- Meios de comunicação (redes sociais, *sites*, jornais, revistas etc.).
- Meios de comunicação (jornais, revistas, rádio, televisão, *sites* etc.).

Outros
- Verbos no modo imperativo (ordem ou instrução).
- *Slogan* – frase curta e fácil de memorizar.
- Assinatura com logotipo.
- Emprego de recursos audiovisuais dependendo do veículo de publicação.

Joana Resek

2 Para compreender melhor a relação entre os gêneros estudados nesta unidade, bem como a tipologia e o campo de atuação a que pertencem, complete o mapa mental a seguir com o título e o gênero dos textos, de acordo com o objetivo comunicativo deles, ou seja, o objetivo principal para o qual foram escritos. Observe os ícones que acompanham os textos, que indicam o campo de atuação a que pertencem.

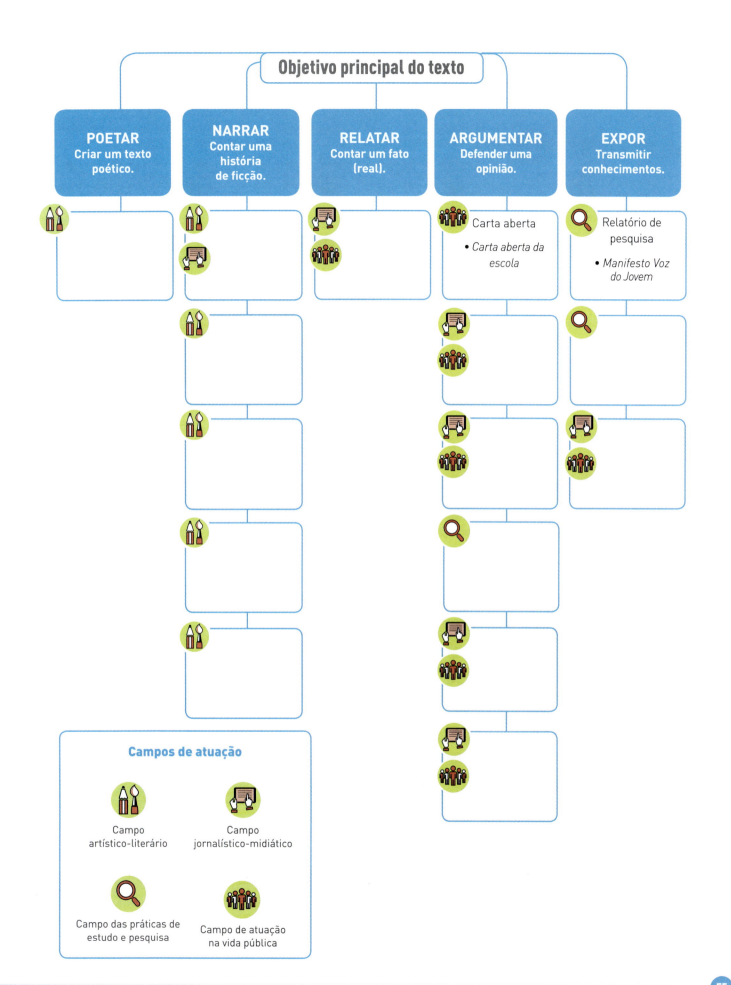

Oficina de produção multimodal

Anúncio publicitário

Agora que você já sabe um pouco mais sobre *fake news* e conheceu um gênero cujo objetivo é convencer o leitor e vender uma ideia, é sua vez de produzir um anúncio publicitário. Vamos recordar algumas características desse gênero antes de começar.

RECORDAR

1. Assista ao vídeo com o anúncio *Fake News // MPSP no combate ao coronavírus*, do Ministério Público de São Paulo. Observe e os elementos que o compõem.

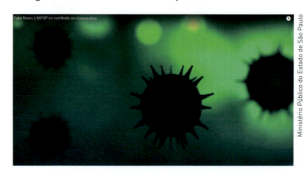

Disponível em: https://www.youtube.com/watch?v=ytapqgyuPVQ&feature=emb_title. Acesso em: 7 maio 2020.

2. Associe as colunas de acordo com as funções dos elementos que compõem o anúncio.

I. TOMAR ÁGUA QUENTE PODE MATAR O VÍRUS?

II. CORONAVÍRUS VIVE 9 DIAS?

III. Cheque a fonte antes de compartilhar

IV. #InformaçãoÉPrevenção

V. MPSP — MINISTÉRIO PÚBLICO DO ESTADO DE SÃO PAULO

☐ Assinatura – identificar o responsável pelo anúncio.

☐ Verbos no modo imperativo – convencer e instruir o leitor.

☐ Imagem e frase de abertura – identificar o tema do anúncio.

☐ Linguagem mista – texto verbal associado a texto não verbal.

☐ *Slogan* – em linguagem digital, para se aproximar do público que usa as redes sociais.

> O **slogan** é uma frase curta e fácil de memorizar que representa uma marca ou empresa. É comumente utilizada em campanhas educativas, anúncios publicitários e anúncios. Por exemplo: "Sempre com você"; "Conte conosco"; "A empresa em que você pode confiar".

PLANEJAR

3. Reúna-se com um colega para planejar um anúncio em formato de *post*, que será divulgado nas redes sociais. O tema é o combate às *fake news*, e o texto deverá ter instruções sobre como evitá-las.
4. Pesquisem em fontes confiáveis dicas de como evitar as *fake news*.
5. Escolham imagens, ícones e símbolos para ilustrar o *post*. Lembrem-se de que eles devem estar relacionados ao tema e chamar a atenção das pessoas para o que vão ler.
6. Pensem em um *slogan* para encerrar o anúncio. Ele deve ser curto, objetivo e fácil de lembrar.

PRODUZIR

7. Agora é o momento de vocês criarem o anúncio. Lembrem-se: o texto deve persuadir (convencer) o leitor da importância de evitar as *fake news*.
8. Vocês podem utilizar ilustrações ou fotografias feitas por vocês e digitalizadas ou imagens disponíveis gratuitamente na internet.
9. Organizem a(s) imagem(ns) escolhida(s) e o texto verbal de modo que combinem entre si e atraiam o leitor.
10. Para montar o *post*, utilizem um programa de edição no computador ou no celular.
11. Escrevam, em formato de tópicos, dicas de como evitar e combater as *fake news*. As frases devem ser curtas, simples e diretas. Vocês devem usar argumentos para convencer o leitor: falem sobre a importância das fontes, da pesquisa, da checagem dos fatos etc.
12. Escolham uma cor de fundo que combine com a mensagem que vocês escreveram. Observem a melhor posição para a frase principal, o texto, as imagens e o *slogan* e componham o *post*.

REVISAR

13. Troquem o *post* com outra dupla e avaliem os aspectos a seguir.
    - As imagens e o texto verbal combinam?
    - É convincente e utiliza bons argumentos?
    - Chama a atenção do leitor?
    - Tem *slogan*?
14. Caso seja necessário, façam as alterações indicadas pelos colegas antes de entregar para o professor.

COMPARTILHAR

15. Compartilhem os *posts* nas suas redes sociais, com amigos e familiares, para alcançar muitas pessoas e conscientizá-las a terem cuidado com as *fake news*.

Entrevista

Nesta unidade, estudamos que as entrevistas são mecanismos utilizados no meio jornalístico para coletar informações e possibilitar o aprofundamento de determinado tema. Entre as muitas possibilidades que o gênero oferece, essencialmente, ele apresenta ao público um diálogo ocorrido entre entrevistador e entrevistado, compartilhando o que é de interesse comum.

Agora, você vai produzir, com mais dois colegas, uma entrevista sobre o tema **educação cidadã para o mundo virtual**.

CONHECER

1. A entrevista é um gênero jornalístico e se dá por meio de uma conversa entre entrevistador e entrevistado. O objetivo principal pode ser levar o interlocutor a relatar fatos de sua vida pessoal ou a argumentar sobre determinado assunto.
2. A entrevista pode ser realizada individualmente, por *e-mail*, por telefone, por videoconferência etc. E, em todas essas modalidades, pode ser transcrita e divulgada por escrito. Nesse caso, por ter um público amplo, a entrevista se estrutura conforme a norma-padrão da língua, a fim de promover maior alcance do que quer comunicar.

PLANEJAR

3. Em geral, o entrevistador prepara com antecedência as perguntas que vai fazer ao entrevistado. Para isso, é preciso estudar e pesquisar bastante sobre o tema motivador da conversa. O entrevistador deve apresentar domínio do assunto em pauta. Assim, uma boa preparação é muito importante.
4. Ao pesquisarem sobre o tema proposto, coletem informações sobre o tema, como citações de especialistas, dados estatísticos, exemplos, fatos etc., para embasar as perguntas que vocês vão elaborar. Esse estudo e essa pesquisa vão possibilitar a vocês a construção de questões pertinentes que resultem em respostas interessantes.
5. Depois de selecionarem a pessoa que será entrevistada, preparem um roteiro com cinco ou seis perguntas para fazer a ela. Lembrem-se de que, ao longo da entrevista, podem surgir novas questões. Para isso, é fundamental uma escuta atenta. Se a entrevista for presencial, solicitem a permissão do entrevistador para usar um gravador de áudio ou uma câmera. Certifiquem-se de que o equipamento está funcionando adequadamente. Testem a qualidade do som e da imagem antes de dar início à entrevista.
6. Preparem um roteiro do que será dito no início da entrevista para apresentar o entrevistado. Confirmem as informações com ele (nome, sobrenome, formação, detalhes profissionais etc.) e informem o objetivo da entrevista. Antes de prosseguirem com a conversa, mostrem ao professor o roteiro com as questões e o texto de apresentação e peçam a ajuda dele na revisão.
7. Dividam as tarefas entre vocês: Quem vai fazer contato com o entrevistado para agendar a entrevista? Quem vai ser o entrevistador? Quem vai operar os equipamentos de gravação? Repassem ao entrevistado, com antecedência, o roteiro com as perguntas que pretendem fazer, pois, assim, ele poderá se preparar. Caso optem por uma entrevista presencial, planejem o local onde ocorrerá a conversa com o entrevistado.

PRODUZIR

8. Durante a entrevista presencial, o entrevistador deverá usar uma forma de tratamento adequada ao entrevistado, levando em conta o grau de intimidade, a idade etc. Procurem seguir a norma-padrão. Lembrem-se de apresentar o entrevistado, bem como o objetivo da entrevista. Usem um tom de voz adequado, de modo bem audível e articulado. É fundamental que o entrevistador esteja muito atento às respostas do entrevistado para, eventualmente, solicitar algum esclarecimento e/ou emendar uma nova pergunta. Ao fim da entrevista, agradeçam ao entrevistado a colaboração e se despeçam.

9. Desliguem o dispositivo de gravação utilizado. Verifiquem se o registro ficou adequado.

REVISAR

10. Após a realização das entrevistas, sob a orientação do professor, a turma vai analisar os textos produzidos. Nesse momento, é importante considerar:
    - As perguntas feitas foram claras e relacionadas ao objetivo da entrevista?
    - O entrevistador apresentou bem o entrevistado?
    - Houve boa exploração do assunto, permitindo que aparecessem informações e opiniões relevantes?
    - Empregaram-se a norma-padrão e o grau de formalidade adequado à situação de comunicação?

COMPARTILHAR

11. Dialoguem sobre a qualidade das entrevistas produzidas pela turma e aproveitem para compartilhar suas impressões sobre o processo de estudar e produzir esse gênero textual. Selecionem entrevistas da turma para comporem um mural ou para serem divulgadas virtualmente.

Conheça

Livro
- *Como não ser enganado pelas* fake news, de Flávia Aidar e Januária Cristina Alves. Rio de Janeiro: Moderna, 2019.

Filme
- *Fake News – Made in Brazil*, de André Fran e Rodrigo Cebrian. Brasil, 2018. 70 min.

Sites/Podcasts
- Agência Lupa. Disponível em: https://piaui.folha.uol.com.br/lupa/.
- Café Brasil Podcast. Disponível em: https://open.spotify.com/show/2DNv9FnP1oFIq4MozCxo2C?si=6-pqG1XmSjCJdvRh28yDHg.
- Painel de Checagem de *Fake News* do CNJ. Disponível em: https://www.cnj.jus.br/programas-e-acoes/painel-de-checagem-de-fake-news/.

(Acessos em: 22 abr. 2020.)

UNIDADE 3

Falando grego

A expressão "falando grego" geralmente é utilizada para indicar que alguém está falando algo incompreensível. Nesta unidade, entretanto, ela é empregada para indicar que a Grécia é o tema que estudaremos.

A Grécia não apenas deu origem a algumas das palavras da língua portuguesa, como também deixou suas marcas na história do mundo ocidental.

A partir de agora, serão estudados dois textos. O primeiro é uma crônica que recorda a lenda grega que deu origem à prática esportiva da maratona. O segundo, um clássico da literatura universal, é um texto do gênero dramático que inspirou muitas encenações ao longo da história do teatro e outras áreas de conhecimento a estudá-lo: a tragédia grega *Édipo Rei*.

Boa leitura!

Observe a imagem de abertura.
- O que está sendo retratado nessa imagem? Descreva-a detalhadamente.
- Realize uma pesquisa em livros e *sites* da internet e responda: Quais são as influências da Grécia na nossa sociedade?
- Você gosta de ir ao teatro? Já leu ou assistiu à encenação de uma tragédia grega?

O que você vai estudar?
Gêneros
- Crônica
- Texto teatral (tragédia grega)

Língua e linguagem
- Textualidade e estilo

O que você vai produzir?
Oficina de produção
- Retextualização da crônica para texto teatral (escrita)
- Encenação teatral (oral)
- Esquete (multimodal)

Ruínas do Parthenon, templo grego construído no século V a.C. e dedicado à deusa Atena. Atenas, Grécia, 2014.

TEXTO 1

Antes de ler

1. O nome que aparece no título – Fidípedes – não é comum no Brasil. De onde você imagina que seja alguém que tem esse nome? Você conhece nomes parecidos?
2. Observe outros componentes da estrutura textual, como a fonte, a organização em parágrafos, o título etc. Com base nisso, é possível identificar o gênero do texto?

Maraton faz referência à Batalha de Maratona (490 a.C.), entre gregos e persas, que ocorreu durante a Primeira Guerra Médica. Deu origem à corrida pedestre chamada maratona, em que os atletas percorrem 42,195 quilômetros, porque essa é a distância entre Maraton e Atenas. Essa distância é a mesma percorrida pelo personagem Fidípedes.

Fidípedes venceu o sol

Helena, a mulher do soldado Fidípedes, não dormiu um só instante naquela noite de setembro de 490 a.C., em sua pequena casa ao sul de Atenas, próxima ao templo de **Zeus**. O tempo não passava, a madrugada era densa e o amanhecer uma ameaça terrível. A mulher do soldado Fidípedes alternava olhares ansiosos pela janela aberta com a visão terna e aflita de suas crianças dormindo, as duas meninas e o menino, juntos na mesma cama. Aquilo que parecia ser um ruído lá fora sobressaltava seu coração. Mas nada via, talvez fosse apenas um suspiro de sono de um dos três.

Em **Maraton**, a mais de 40 quilômetros dali, o soldado Fidípedes lutava. Sua lança já havia rompido a **couraça** de pelo menos três inimigos **persas**. Os gregos do grande líder Milcíades avançam ferozes sobre o exército comandado por Datis. Não bastava derrotar os guerreiros do império **aquemênida**; era preciso fazer isso rápido. E Fidípedes que, com seus companheiros de Atenas, já havia superado uma chuva de flechas, agora no corpo a corpo tinha as maiores razões do mundo para furar tantos persas quanto os que atravessassem seu caminho.

O sol nasceria como uma sentença de morte para Helena e seus filhos, os filhos de Fidípedes. Era preciso adiar o raiar do dia, afligia-se a mulher. Ela se recordava do pacto feito entre as mulheres e os homens de Atenas. Se eles não retornassem vitoriosos de Maraton até a manhã que viria, elas deveriam sacrificar suas crianças e se matar em seguida. Pois que os persas tinham jurado aos inimigos que, vencida a batalha, marchariam sobre Atenas, violariam suas mulheres e sacrificariam seus filhos.

"Teria coragem?", perguntava-se Helena, enquanto velava o sono dos três. "Não, não seria preciso; a alvorada traria a boa nova", repetia para si mesma a cada minuto. "Trair o pacto? Fugir? Esconder-se? Entregar-se ao primeiro soldado persa (talvez o que tenha matado Fidípedes) e implorar desesperada pela vida das crianças? Ou unir-se às suas companheiras na Ágora e cumprir o combinado num cenário de horror?". Lá fora, além da janela, o dia implacável teimava em anunciar suas primeiras cores.

Eram dez mil gregos contra vinte mil persas em Maraton. Os invasores haviam chegado em duzentos barcos e desembarcaram na planície quando o exército de Milcíades os cercou. Datis ordenou o disparo das flechas, mas o ataque não foi capaz de conter Fidípedes e seus companheiros. Eles avançaram sobre os inimigos. Estavam protegidos por seus escudos, por uma formação agrupada e disciplinada e por uma mistura de amor e fúria que havia nascido quando olharam nos olhos de suas mulheres e selaram o acordo.

Em Atenas, um sol trágico atravessou a janela e feriu os olhos de Helena, que chorou. "Maldito sol, que não se deteve! Maldito sol, que começa a subir a colina, avançar sobre as ruas, subir os muros das casas e que logo vai cobrir a cidade sem deixar sombra, sem deixar dúvida. Maldito sol que não esperou o meu homem voltar." Helena enxuga as lágrimas, acorda o menino, depois as meninas, serve leite e pão e convida: "Arrumem-se. Vamos para a praça; é um dia de sol".

Quando o mesmo sol iluminou o rosto dos soldados persas, não foi mais possível esconder os olhares de medo. Agora, eles já não eram mais maioria. Recuavam diante das lanças dos guerreiros de Milcíades, tombavam, feridos de morte. Fugiam, que chega uma hora em que o pavor é mais forte que a honra. Os gregos destruíam os barcos para impedir a retirada. Debaixo de um sol **inclemente** (o mesmo sol de Atenas), a batalha estava perto do fim.

Helena reuniu as crianças e saiu sob o sol. Depois de fechar a porta, olhou para sua casa, para a casa de Fidípedes, com uma espécie de saudade antecipada que a gente sente quando sabe que uma história termina. Caminhou com os três em direção à praça. Segurava a mão da menor, enquanto as outras duas crianças iam à frente, pulando, chutando pedrinhas, provocando-se e divertindo-se como dois irmãos indo à praça numa manhã de sol. Aos poucos, seus caminhos se encontravam com os caminhos de outras mães e suas meninas e seus meninos, todos no mesmo rumo.

Milcíades chamou Fidípedes quando muito pouco restava do exército persa. A maioria dos soldados havia sido massacrada, alguns conseguiram escapar em poucos barcos que restaram. O comandante vitorioso tinha uma última missão para Fidípedes: correr até Atenas e dar a boa notícia. Fidípedes conhecia bem o caminho entre Maraton e Atenas. Fidípedes tinha Helena e três crianças a esperá-lo.

O soldado agradeceu ao general pela nobre missão. Olhou para o céu e seu corpo esgotado de guerra estalou debaixo do sol forte. Não importa: era preciso correr. Eram só 40, ou melhor 42, ou melhor 42 quilômetros e 195 metros até Atenas; ele era veloz, ele era forte, ele conhecia o caminho. Ele tinha Helena, um menino e duas meninas. Ele tinha que chegar antes que ela cumprisse o pacto desgraçado. É preciso correr. É preciso correr. É preciso correr. Correr. Não importa a sandália e os pés rasgados, não importa os braços queimando pelos golpes de lança, não importa o caminho de pedra, de mato, de poeira.

De sol.

É preciso correr, Fidípedes, é preciso correr. Você venceu, nós vencemos, o general venceu. Você vai chegar. Você vai vencer de novo. Você vai chegar antes...

Helena e as mulheres de Atenas estão reunidas na Ágora com suas crianças. Não há notícias da batalha de Maraton. Os homens de Atenas devem estar mortos. Os persas devem estar a caminho. Há um pacto a cumprir. Os filhos de Helena agora já não brincam mais. Os meninos de Atenas agora já não brincam mais. Miram o olhar sem brilho de suas mães, sob o sol de meio-dia. Tinha que ser Helena a primeira a ver uma pequena nuvem de poeira naquela rua que vem do sul. Ela prende a respiração enquanto resta um sopro de ar a impulsionar Fidípedes naquela subida. Helena grita e, aos poucos, todos aqueles olhares, das mulheres e crianças, se voltam para aquela rua, para aquele sinal de movimento, para aquela intuída esperança.

> **Glossário**
> **aquemênida:** primeiro império persa.
> **couraça:** armadura metálica que protege o peito e as costas.
> **inclemente:** cruel.
> **persa:** relativo ou pertencente à Pérsia, atual Irã.
> **Zeus:** o pai dos deuses, o senhor dos céus, na mitologia grega.

Fidípedes chega à Ágora. Sua visão está turva de sol e poeira. Parece enxergar Helena e as crianças, mas não consegue dar mais um passo. É preciso cumprir a missão. O soldado, num último esforço, anuncia:

— Alegrai-vos! Nós vencemos!

E morre.

Fidípedes liberta Helena e as mulheres de Atenas da tragédia.

Fidípedes venceu o sol.

Rodrigo Barbosa et al. Crônicas: esportes. Juiz de Fora: Franco Editora, 2015. p. 45-48.

Quem é o autor?

Rodrigo Fonseca Barbosa nasceu em Juiz de Fora, Minas Gerais. É jornalista, mestre em Literatura Brasileira pelo Centro de Ensino Superior de Juiz de Fora (CES-JF) e doutor em Estudos de Literatura pela Universidade Federal Fluminense (UFF). Publicou *O homem que não sabia contar histórias*, finalista do Prêmio São Paulo de Literatura 2013. Como compositor, tem músicas gravadas por grandes artistas, como Milton Nascimento, Márcio Itaboray e Zé Renato.

A Batalha de Maratona

A Batalha de Maratona ocorreu a leste da cidade de Atenas, na Grécia, em 490 a.C. O general grego Milcíades, ao ser informado da iminente invasão persa, convocou os atenienses para a linha de frente ao mesmo tempo que enviou Fidípedes a Esparta para solicitar ajuda, o que o fez correr cerca de 200 quilômetros em menos de um dia. Apesar da resistência dos persas, os gregos venceram a luta.

Conta a lenda que Fidípedes recebeu de Milcíades a ordem de correr de Maraton a Atenas para comunicar a vitória grega e que, logo após anunciá-la, ele teria caído morto devido ao esforço realizado.

Matthäus Merian. *Batalha de Maratona*, 1630. Gravura em cobre colorizada posteriormente.

Interagindo com a crônica

1 Depois de ler o texto, faça uma pesquisa a respeito de Fidípedes e responda às questões a seguir.

a) Quem foi Fidípedes?

_____
_____
_____
_____
_____
_____
_____
_____
_____

b) Compare os dados de sua pesquisa com o que é contado pelo autor da crônica. De que modo eles se diferenciam?

_____
_____
_____
_____

2 A crônica alterna as cenas entre a casa de Helena e o campo de batalha, onde está Fidípedes. Sobre essa estratégia utilizada pelo autor do texto, identifique com **V** as alternativas verdadeiras e com **F** as falsas.

☐ A alternância entre as cenas contribui para criar um clima de expectativa no leitor.

☐ Enquanto as cenas de Helena em Atenas refletem angústia e apreensão, as cenas de Fidípedes em Maratona mostram força e coragem.

☐ As cenas de Helena poderiam ser agrupadas e lidas separadamente sem prejudicar o sentido do texto.

☐ A corrida de Fidípedes anuncia que as duas narrativas deixarão de ser paralelas, pois ele vai ao encontro de Helena e seu povo em Atenas.

65

3 Comumente, um dia de sol é associado a momentos de alegria e diversão. Sobre a referência ao sol no texto, faça o que se pede.

a) O sol é visto com alegria pelos protagonistas da história? Retire do texto um trecho que comprove sua resposta.

___

b) Com base nas referências ao sol, explique o título do texto.

___

4 A qual fato histórico a crônica "Fidípedes venceu o sol" faz referência?

___

5 A crônica foi escrita com o objetivo de:
a) defender um ponto de vista para convencer o leitor.
b) contar uma história para o leitor.
c) informar o leitor sobre um fato histórico.
e) provocar emoção no leitor.

6 Observe que a crônica alterna duas circunstâncias diferentes, cujas narrativas se intercruzam e se complementam: a batalha em Maraton e os acontecimentos na casa de Helena. Complete o quadro a seguir identificando os elementos narrativos de cada contexto.

Elemento narrativo	Batalha	Casa
narrador		
protagonista		
coadjuvantes		
tempo		
espaço		

7 Se o texto lido narrasse apenas fatos cotidianos, seria uma notícia ou um relato. O que faz da crônica um gênero único é a exploração de aspectos literários, como a subjetividade e a descrição. Essa estratégia faz com que ela sirva não apenas para informar, mas também para despertar emoções no leitor.

- Identifique a seguir o(s) trecho(s) que exemplifica(m) essa estratégia na crônica "Fidípedes venceu o sol".

a) "[...] em sua pequena casa ao sul de Atenas, próxima ao templo de Zeus." (1º parágrafo)

b) "O tempo não passava, a madrugada era densa e o amanhecer uma ameaça terrível." (1º parágrafo)

c) "Em Maraton, a mais de 40 quilômetros dali, o soldado Fidípedes lutava." (2º parágrafo)

d) "Não bastava derrotar os guerreiros do império aquemênida; era preciso fazer isso rápido." (2º parágrafo)

A origem dos Jogos Olímpicos

Detalhe de um vaso de cerâmica datado do século 5 a.C., em que a deusa da vitória Nike coroa um atleta com um ramo de oliveira.

Foram os gregos que criaram os Jogos Olímpicos, em meados de 776 a.C. As competições foram organizadas em homenagem e devoção aos deuses da Grécia Antiga — principalmente a Zeus —, por isso os jogos foram chamados de "Zeus Olímpico" e tinham caráter religioso e ético. A proposta do evento era incentivar a paz e a harmonia entre os gregos, além de demonstrar a importância que, nessa cultura, dava-se a um corpo saudável.

Na Grécia Antiga, as mulheres, impedidas de adentrarem o templo de Zeus, não podiam participar dos jogos; somente homens competiam e assistiam ao evento. Porém, não era qualquer cidadão grego que podia competir. Para ser selecionado, o atleta passava por uma rígida investigação de sua conduta e seu caráter. Depois de o atleta ser nomeado competidor, qualquer violação era motivo para punição severa. Além disso, o selecionado precisava chegar ao templo de Zeus com dias de antecedência, pois era obrigado a se preparar física e espiritualmente para as competições.

O prêmio para os vencedores das competições simbolizava uma recompensa moral. Os vencedores eram coroados, ganhavam alimentação gratuita vitalícia, lugar cativo em teatros, além do título de heróis da cidade em que nasceram.

A invasão da Grécia pelos romanos, no século II, acarretou a suspensão dos Jogos Olímpicos e de outras tradições de culto aos deuses gregos.

Textualidade e estilo

1 Releia o trecho a seguir.

> [...] Eram só 40, ou melhor 42, ou melhor 42 quilômetros e 195 metros até Atenas [...].

- O detalhamento da distância cumpre a função de intensificar o que está sendo contado. Identifique abaixo outro trecho que cumpre essa mesma função.

a) "O tempo não passava, a madrugada era densa e o amanhecer uma ameaça terrível."

b) "[...] vencida a batalha, marchariam sobre Atenas, violariam suas mulheres e sacrificariam seus filhos."

c) "É preciso correr. É preciso correr. É preciso correr. Correr."

d) "Os persas devem estar a caminho. Há um pacto a cumprir."

> **Tipos de discurso**
> - **Discurso direto:** O personagem tem voz no texto, pois este apresenta a fala do personagem como uma citação.
> - **Discurso indireto:** O narrador conta, "com suas palavras", o que o personagem fala, sente ou pensa.
> - **Discurso indireto livre:** A narração se funde à fala do personagem, isto é, o narrador conta a história como se fosse o personagem falando, não havendo marcas de mudança de fala.

2 Leia novamente o trecho abaixo, atentando para o uso do discurso indireto livre. Em seguida, explique o efeito de sentido que ele cria no contexto.

> O soldado agradeceu ao general pela nobre missão. Olhou para o céu e seu corpo esgotado de guerra estalou debaixo do sol forte. Não importa: era preciso correr. Eram só 40, ou melhor 42, ou melhor 42 quilômetros e 195 metros até Atenas; ele era veloz, ele era forte, ele conhecia o caminho. Ele tinha Helena, um menino e duas meninas. Ele tinha que chegar antes que ela cumprisse o pacto desgraçado.

3 No trecho a seguir, que elementos contribuem para dar mais dramaticidade à narração? Justifique sua resposta com exemplos do texto.

> [...] Não importa a sandália e os pés rasgados, não importa os braços queimando pelos golpes de lança, não importa o caminho de pedra, de mato, de poeira.
>
> De sol.
>
> **É preciso correr, Fidípedes, é preciso correr. Você venceu, nós vencemos, o general venceu. Você vai chegar. Você vai vencer de novo. Você vai chegar antes...**

_____
_____
_____
_____
_____
_____

4 Leia novamente o parágrafo a seguir.

> "Teria coragem?", perguntava-se Helena, enquanto velava o sono dos três. "Não, não seria preciso; a alvorada traria a boa nova", repetia para si mesma a cada minuto. "Trair o pacto? Fugir? Esconder-se? Entregar-se ao primeiro soldado persa (talvez o que tenha matado Fidípedes) e implorar desesperada pela vida das crianças? Ou unir-se às suas companheiras na Ágora e cumprir o combinado num cenário de horror?". Lá fora, além da janela, o dia implacável teimava em anunciar suas primeiras cores.

a) Quais são as duas vozes que se sucedem no trecho?
_____
_____

b) Qual é a função da sequência de perguntas retóricas no contexto dessa crônica?
_____
_____
_____
_____
_____

> Denomina-se **pergunta retórica** a interrogação que não tem como objetivo obter uma resposta. Esse recurso pode ser utilizado com finalidades diversas, como levar o interlocutor a uma reflexão ou enfatizar o questionamento pessoal.

TEXTO 2

Antes de ler

- Pela forma de organização do texto ao lado, qual parece ser o gênero textual?

Júpiter é o nome romano do deus grego Zeus.

De acordo com a mitologia grega, a **Esfinge** era uma criatura que foi enviada a Tebas para castigar seu povo. Essa criatura engolia quem não soubesse desvendar este enigma: "Que ser, pela manhã, tem quatro pés, ao meio-dia, tem dois e, à tarde, tem três?". Ninguém conseguia responder a essa charada. Mas Édipo, encarando o monstro, disse que a resposta era "o homem", pois este engatinha quando é bebê; quando é adulto, anda ereto; e, na velhice, apoia-se em uma bengala. Ao ouvir a resposta correta, o ser mitológico se atirou do alto de um penhasco.

Édipo Rei

PERSONAGENS

O REI ÉDIPO
O SACERDOTE
CREONTE
TIRÉSIAS
JOCASTA
UM MENSAGEIRO
UM SERVO
UM EMISSÁRIO
CORO DOS ANCIÃOS DE TEBAS

A ação passa-se em Tebas (Cadmeia), diante do palácio do rei ÉDIPO. Junto a cada porta há um altar, a que se sobe por três degraus. O povo está ajoelhado em torno dos altares, trazendo ramos de **louros** *ou de oliveira. Entre os anciãos está um sacerdote de* **Júpiter**. *Abre-se a porta central; ÉDIPO aparece, contempla o povo, e fala em tom paternal.*

ÉDIPO – Ó meus filhos, gente nova desta velha cidade de Cadmo, por que vos **prosternais** assim, junto a estes altares, tendo nas mãos os ramos dos **suplicantes**? Sente-se, por toda a cidade, o incenso dos sacrifícios; ouvem-se gemidos, e cânticos fúnebres. Não quis que outros me informassem da causa de vosso desgosto; eu próprio aqui venho, eu, o rei Édipo, a quem todos vós conheceis. Eia! Responde tu, ó velho; por tua idade **veneranda** convém que fales em nome do povo. [...]

O SACERDOTE – Édipo, tu que reinas em minha pátria, bem vês esta multidão **prosternada** diante dos altares de teu palácio; aqui há gente de toda a condição [...]. Tu bem vês que Tebas se debate numa crise de calamidades, e que nem sequer pode erguer a cabeça do abismo de sangue em que se submergiu [...]. Certamente, nós não te igualamos aos deuses imortais; mas, todos nós [...] vemos em ti o primeiro dos homens, quando a desgraça nos abala a vida, ou quando se faz preciso obter o apoio da divindade. Porque tu livraste a cidade de Cadmo do tributo que nós pagávamos à cruel **Esfinge**; [...] salvaste nossas vidas. Hoje, de novo aqui estamos, Édipo; a ti, cujas virtudes admiramos, nós vimos suplicar que, valendo-te dos conselhos humanos, ou do patrocínio dos deuses, dês remédios aos nossos males [...]. De que vale uma cidade, de que serve um navio, se no seu interior não existe uma só criatura humana?

ÉDIPO – Ó meus filhos, tão dignos de piedade! Eu sei, sei muito bem o que viestes pedir-me. Não desconheço vossos sofrimentos; mas na verdade, de todos nós, quem mais se aflige sou eu. [...] E a única providência que consegui encontrar, ao cabo de longo esforço, eu a executei imediatamente. Creonte, meu cunhado, filho de Meneceu, foi por mim enviado ao templo de Apolo, para consultar o oráculo sobre o que nos cumpre fazer para salvar a cidade. E, calculando os dias decorridos de sua partida, e o de hoje, sinto-me deveras inquieto [...]. Logo que ele volte, considerai-me um criminoso se eu não executar com presteza tudo o que o deus houver ordenado.

O SACERDOTE – Realmente, tu falas no momento oportuno, pois acabo de ouvir que Creonte está de volta.

ÉDIPO – Ó rei Apolo! Tomara que ele nos traga um oráculo tão propício, quanto alegre se mostra sua fisionomia!

O SACERDOTE – Com efeito, a resposta deve ser favorável; do contrário, ele não viria assim, com a cabeça coroada de louros.

ÉDIPO – Vamos já saber; ei-lo que se aproxima, e já nos pode falar. O príncipe, meu cunhado, filho de Meneceu, que resposta do deus Apolo tu nos trazes?

Entra CREONTE.

CREONTE – Uma resposta favorável, pois acredito que mesmo as coisas desagradáveis, se delas nos resulta algum bem, tomam-se uma felicidade.

ÉDIPO – Mas, afinal, em que consiste essa resposta? O que acabas de dizer não nos causa confiança, nem apreensão.

CREONTE – (*Indicando o povo ajoelhado*) Se queres ouvir-me na presença destes homens, eu falarei; mas estou pronto a entrar no palácio, se assim preferires.

ÉDIPO – Fala perante todos eles; o seu sofrimento me causa maior desgosto do que se fosse meu, somente.

CREONTE – Vou dizer, pois, o que ouvi da boca do deus. O rei Apolo ordena, expressamente, que purifiquemos esta terra da mancha que ela mantém; que não a deixemos agravar-se até tornar-se incurável.

ÉDIPO – Mas por que meios devemos realizar essa purificação? De que mancha se trata?

CREONTE – Urge expulsar o culpado, ou punir, com a morte, o assassino, pois o sangue maculou a cidade.

ÉDIPO – De que homem se refere o oráculo à morte?

CREONTE – Laio, o príncipe, reinou outrora neste país, antes que te tornasses nosso rei.

ÉDIPO – Sim; muito ouvi falar nele, mas nunca o vi.

CREONTE – Tendo sido morto o rei Laio, o deus agora exige que seja punido o seu assassino, seja quem for.

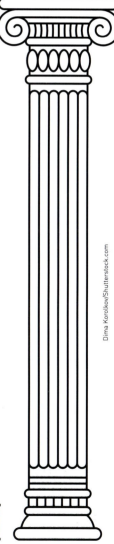

ÉDIPO – Mas onde se encontra ele? Como descobrir o culpado de um crime tão antigo?

CREONTE – Aqui mesmo, na cidade, afirmou o oráculo. Tudo o que se procura, será descoberto; e aquilo de que descuramos, nos escapa.

ÉDIPO fica pensativo por um momento.

ÉDIPO – Foi na cidade, no campo, ou em terra estranha que se cometeu o homicídio de Laio?

CREONTE – Ele partiu de Tebas, para consultar o oráculo, conforme nos disse, e não mais voltou.

ÉDIPO – E nenhuma testemunha, nenhum companheiro de viagem viu qualquer coisa que nos possa esclarecer a respeito?

CREONTE – Morreram todos, com exceção de um único, que, apavorado, conseguiu fugir, e de tudo o que viu só nos pôde dizer uma coisa.

ÉDIPO – Que disse ele? Uma breve revelação pode facilitar-nos a descoberta de muita coisa, desde que nos dê um vislumbre de esperança.

CREONTE – Disse-nos ele que foram salteadores que encontraram Laio e sua escolta, e o mataram. Não um só, mas um numeroso bando.

ÉDIPO – Mas como, e para que teria o assassino praticado tão audacioso atentado, se não foi coisa tramada aqui, mediante suborno?

CREONTE – Também a nós ocorreu essa ideia; mas, depois da morte do rei, ninguém pensou em castigar o criminoso, tal era a desgraça que nos ameaçava.

ÉDIPO – Que calamidade era essa, que vos impediu de investigar o que se passara?

CREONTE – A Esfinge, com seus enigmas, obrigou-nos a deixar de lado os fatos incertos, para só pensar no que tínhamos diante de nós.

ÉDIPO – Está bem; havemos de voltar à origem desse crime, e pô-lo em evidência [...]. Eia, depressa, meus filhos! Erguei-vos e tomai vossas palmas de suplicantes; que outros convoquem os cidadãos de Cadmo; eu não recuarei diante de obstáculo algum! Com o auxílio do Deus, ou seremos todos felizes, ou ver-se-á nossa total ruína!

O SACERDOTE – Levantemo-nos, meus filhos! O que ele acaba de anunciar é, precisamente, o que vínhamos pedir aqui. Que Apolo, que nos envia essa predição oracular, possa-nos socorrer, também, para pôr um fim ao flagelo que nos tortura!

Saem ÉDIPO, CREONTE, O SACERDOTE. Retira-se o POVO.

Entra O CORO, composto de quinze notáveis tebanos.

Nas tragédias da Grécia Antiga, o **coro** tinha a função de comentar as ações que eram encenadas pelos atores no palco. A fala do coro, em geral, representava a opinião do público, além de corresponder a um momento de pausa entre os atos dramáticos. Nas peças, o coro também podia aconselhar, expressar posicionamentos, questionar, interrogar etc. Assim, esse recurso teatral também era responsável por evidenciar críticas morais.

O CORO

Doce palavra de Zeus, que nos trazes do santuário dourado de Delfos à cidade ilustre de Tebas? Temos o espírito conturbado pelo terror, e o desespero nos quebranta. [...] Ai de nós, que sofremos dores sem conta! Todo o povo atingido pelo contágio, sem que nos venha à mente recurso algum, que nos possa valer! [...]

Reaparece GRIPO, que sai do palácio durante a última estrofe.

ÉDIPO – (*Ao Corifeu*) [...] Estas palavras, dirijo a todos vós, cidadãos, sem que nada saiba acerca do assassínio: sou estranho ao crime, e a tudo o que dele se conta [...]. Só depois desse atentado é que fui admitido como cidadão entre vós; e por isso a todos vós, tebanos, declaro o seguinte: Quem quer que saiba quem matou Laio, filho de Lábdaco, fica intimado a vir à minha presença para mo dizer [...] E, ao criminoso desconhecido, eu quero que seja para sempre maldito! [...] A todos quantos se recusem a me obedecer, desejo que os deuses lhes neguem todo e qualquer fruto da terra, e prole de suas esposas; e quero que para sempre padeçam de todos os males que ora sofremos, e de outros ainda mais cruéis. E a vós, tebanos, que, certamente, aprovais meus desígnios, que a Justiça vos proteja, e que todos os deuses vos sejam propícios!

CORIFEU – Eu te falarei, ó rei, conforme determinas com tuas tremendas maldições. Nenhum de nós foi o matador de Laio; nenhum de nós sabe indicar quem o tenha sido! Que o deus Apolo, que ordenou essa pesquisa, possa revelar-nos quem teria, há tanto tempo já, cometido esse horrendo crime! [...] Conheço alguém que, quase tanto como Apolo, sabe dos mistérios profundos! É Tirésias. Se o interrogarmos, ó príncipe, ele nos dirá claramente o que se passou.

ÉDIPO – Não esqueci esse recurso; a conselho de Creonte mandei dois emissários procurá-lo. Admira-me que ainda não tenham chegado.

[...]

O CORO – Acaba de chegar quem tudo nos vai descobrir! Trazem aqui o divino profeta, o único, entre todos os homens, que sabe desvendar a verdade!

Entra TIRÉSIAS, velho e cego, guiado por um menino. Escoltam-no dois servidores de ÉDIPO.

ÉDIPO – Ó Tirésias, que conheceis todas as coisas, tudo o que se possa averiguar, e o que deve permanecer sob mistério; os signos do céu e os da terra... Embora não vejas, tu sabes do mal que a cidade sofre [...]. Por tua vez, Tirésias, não nos recuses as revelações oraculares dos pássaros, nem quaisquer outros recursos de tua arte divinatória; salva a cidade, salva a ti próprio, a mim, e a todos, eliminando esse estigma que provém do homicídio. De ti nós dependemos agora! [...]

TIRÉSIAS – Oh! Terrível coisa é a ciência, quando o saber se torna inútil! Eu bem assim pensava; mas creio que o esqueci, pois do contrário não teria consentido em vir até aqui.

ÉDIPO – Que tens tu, Tirésias, que estás tão desalentado?

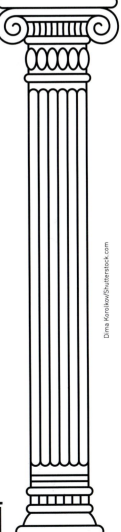

TIRÉSIAS – Ordena que eu seja reconduzido à minha casa, ó rei. Se me atenderes, melhor será para ti, para mim.

ÉDIPO – Tais palavras, de tua parte, não são razoáveis, nem amistosas para com a cidade que te mantém, visto que lhe recusas a revelação que te solicita.

TIRÉSIAS – Para teu benefício, eu bem sei, teu desejo é inoportuno. Logo, a fim de não agir imprudentemente...

ÉDIPO – Pelos deuses! Visto que sabes, não nos ocultes a verdade! Todos nós, todos nós, de joelhos, te rogamos!

TIRÉSIAS – Vós delirais, sem dúvida! Eu causaria a minha desgraça, e a tua!

ÉDIPO – Que dizes?!... Conhecendo a verdade, não falarás? Por acaso tens o intuito de nos trair, causando a perda da cidade?

TIRÉSIAS – Jamais causarei tamanha dor a ti, nem a mim! Por que me interrogas em vão? De mim nada ouvirás!

ÉDIPO – Pois quê! Ó tu, o mais celerado de todos os homens! Tu irritarias um coração de pedra! E continuarás assim, inflexível e inabalável?

[...]

TIRÉSIAS – O que tem de acontecer, acontecerá, embora eu guarde silêncio!...

ÉDIPO – Visto que as coisas futuras fatalmente virão, tu bem podes predizê-las!

TIRÉSIAS – Nada mais direi! Deixa-te levar, se quiseres, pela cólera mais violenta!

ÉDIPO – Pois bem! Mesmo irritado, como estou, nada ocultarei do que penso! Sabe, pois, que, em minha opinião, tu foste cúmplice no crime, talvez tenhas sido o mandante, embora não o tendo cometido por tuas mãos. Se não fosses cego, a ti, somente, eu acusaria como autor do crime.

TIRÉSIAS – Será verdade? Pois EU! EU é que te ordeno que obedeças ao decreto que tu mesmo baixaste, e que, a partir deste momento, não dirijas a palavra a nenhum destes homens, nem a mim, porque o ímpio que está profanando a cidade ÉS TU!

ÉDIPO – Quê? Tu te atreves, com essa impudência, a articular semelhante acusação, e pensas, porventura, que sairás daqui impune?

TIRÉSIAS – O que está dito, está! Eu conheço a verdade poderosa!

ÉDIPO – Quem te disse isso? Com certeza não descobriste por meio de artifícios!

TIRÉSIAS – Tu mesmo! Tu me forçaste a falar, bem a meu pesar!

[...]

CORIFEU – A nosso ver, ó Rei, tanto tuas palavras, como as de Tirésias, foram inspiradas pela cólera. Ora, não se trata agora de julgar esses debates; o que urge é dar cumprimento ao oráculo de Apolo.

TIRÉSIAS – Se tu possuis o régio poder, ó Édipo, eu posso falar-te de igual para igual! Tenho esse direito! Não sou teu subordinado, mas sim de Apolo; tampouco jamais seria um cliente de Creonte. Digo-te, pois, já que ofendeste minha cegueira – que ==tu tens os olhos abertos à luz, mas não enxergas teus males, ignorando quem és, o lugar onde estás, e quem é aquela com quem vives.== [...] Um dia virá, em que serás expulso desta cidade pelas maldições maternas e paternas. Vês agora tudo claramente; mas em breve cairá sobre ti a noite eterna. Que asilo encontrarás, que não ouça teus gemidos? [...]

ÉDIPO – Quem poderá suportar palavras tais? Vai-te daqui, miserável! Retira-te, e não voltes mais!

TIRÉSIAS – Eu não teria vindo, se não me chamasses!

ÉDIPO – Nunca pensei que viesses aqui dizer tantas tolices; do contrário, não te mandaria buscar!

[...]

TIRÉSIAS – Este dia mesmo far-te-á sabedor de teu nascimento, e de tua morte!

ÉDIPO – Como é **obscuro** e enigmático tudo o que dizes!

Sófocles. *Rei Édipo*. In: PORTAL DOMÍNIO PÚBLICO, [20--?]. Disponível em: http://www.dominiopublico.gov.br/download/texto/cv000024.pdf. Acesso em: 29 abr. 2020.

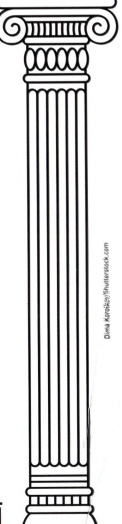

> "[...] tu tens os olhos abertos à luz, mas não enxergas teus males, ignorando quem és, o lugar onde estás, e quem é aquela com quem vives." O trecho acima faz referência à história de Édipo, a qual, até aquele momento de sua vida, ele desconhecia. Quando Édipo nasceu, de um relacionamento entre Laio, então rei de Tebas, e Jocasta, as revelações do oráculo diziam que a criança estava destinada a matar o próprio pai e a se casar com a própria mãe. Tentando driblar o destino, o monarca pediu a um de seus servos que abandonasse o bebê no caminho entre Tebas e Corinto, amarrando-lhe os pés em uma árvore. Assim foi feito. Mas um pastor encontrou o rebento e o conduziu para ser adotado pelo rei de Corinto, Políbio, que o acolheu e o tratava como se fosse seu próprio filho. Anos mais tarde, Édipo consulta o oráculo e, depois de saber da previsão de que mataria o próprio pai e se casaria com a própria mãe, decide não voltar a Corinto – acreditava que Políbio era seu pai verdadeiro e não queria matá-lo. Édipo segue, então, para Tebas e, no caminho para a cidade, encontra Laio; os dois discutem, e Édipo, sem saber que aquele homem era seu pai, o mata. Édipo chega a Tebas e é lá que ele se casa com Jocasta, que havia sido mulher de Laio. Quando a situação toda é descoberta, Jocasta se mata e Édipo fura os próprios olhos, condenando-se a viver cego, pois não fora capaz de, mesmo enxergando, reconhecer seu pai e sua mãe.

75

Glossário

afligir: causar aflição ou temor.
celerado: malvado, perverso.
cólera: raiva, ira.
conturbado: agitado, alvoroçado.
desígnio: intuito, intenção.
estigma: desonra, mácula.
flagelo: adversidade, fatalidade.
ímpio: sacrílego, impiedoso.
inoportuno: inconveniente, impróprio.
louro: folha do loureiro, usada como tempero, e que, na Antiguidade, era utilizada na confecção de coroas para os vencedores de competições na Grécia e em Roma.
macular: manchar, sujar, deturpar.
obscuro: confuso, indecifrável.
oráculo: profecia, previsão.
padecer: sofrer, suportar.
predição: profecia, premonição.
prosternar: abater, prostrar.
quebrantar: dominar, vencer, abater.
salteador: ladrão, criminoso.
suborno: valor recebido inadequadamente, por meio de corrupção.
suplicante: que suplica, que faz um apelo.
urgir: ser urgente, ser inadiável.
venerando: digno de respeito, de veneração.
vislumbrar: observar, distinguir, enxergar com clareza.

Quem é o autor?

Sófocles (c. 497-406 a.C.) é um dos mais conhecidos dramaturgos da Grécia Antiga, tendo escrito mais de uma centena de peças teatrais, apesar de terem restado apenas sete delas. Das competições de teatro de Atenas, ele era um dos mais frequentes vencedores. *Édipo Rei* e *Antígona* são as peças mais conhecidas de sua autoria. Sófocles contribuiu muito para o desenvolvimento do teatro clássico.

A produção teatral de Sófocles se relaciona com a de Ésquilo e de Eurípedes devido às inovações que empreendia nas propostas dramáticas. As peças do autor atingiram grande popularidade na antiguidade grega enquanto o autor ainda era vivo e, até os dias de hoje, são marcos do texto dramático. Pode-se dizer que Sófocles conseguiu influenciar o mundo antigo e contemporâneo com sua proposta artística.

Curiosamente, Sófocles também atuava nas peças que escrevia. Contudo, de acordo com as fontes históricas, é ele também o primeiro diretor de teatro de que se tem notícia, pois passou a deixar a atuação nas produções que assinava.

Édipo e a esfinge

François Xavier Fabre. *Édipo e a Esfinge*, c. 1806-1808. Óleo sobre tela, 50,1 cm × 66 cm.

Édipo é rei de Tebas. Como ele resolve o enigma da esfinge, salva a cidade da destruição.

Contudo, durante seu reinado, ocorre uma praga e ele consulta os oráculos para buscar uma solução. O que ouve como resposta é que a origem da praga está no fato de que o assassino do velho rei Laio continuava vivo e impune. Édipo decide investigar o assassinato do antigo rei, porém, quanto mais se aproxima da verdade, mais ele se descobre como culpado e vítima da situação.

Culpado porque tinha assassinado Laio sem saber que o antigo rei era, na verdade, seu pai. Além disso, ele havia se casado com a rainha Jocasta, sem saber que ela era sua mãe. Tendo matado o próprio pai e se casado com a própria mãe, Édipo cumpriu uma profecia que havia sido proferida antes de seu nascimento.

A tragédia atinge o clímax quando a rainha Jocasta se enforca, e Édipo fura os próprios olhos, exilando-se de Tebas. O grande brilho de *Édipo Rei* está, portanto, nesse final: Édipo é um personagem carismático; ao furar os olhos, ele desperta nos espectadores ou leitores o sentimento de piedade, mas também o de medo.

Assim, o desfecho configura-se complexo e curioso: Édipo era um bom homem e um bom rei, mas cometeu um grande erro, o que potencializa o caráter trágico da história – segundo o filósofo grego Aristóteles, é nesse aspecto que residem a complexidade e a genialidade do texto de Sófocles.

Interagindo com o texto teatral

1 Converse com os colegas e respondam às questões a seguir.

a) Qual é o fato que dá início às ações em *Édipo Rei*?
_____
_____
_____
_____

b) Ao ouvir as queixas do povo, o que Édipo faz para tentar aliviar o sofrimento dos cidadãos?
_____
_____

c) Qual mensagem Creonte traz do templo de Apolo?
_____
_____
_____
_____

d) Que relação a morte de Laio tem com a crise que se abateu sobre Tebas?
_____
_____
_____
_____

e) Qual é a revelação de Tirésias?
_____

2 Ao dialogar com o Corifeu, Édipo determina que seja punido aquele que omitir informações sobre a morte de Laio. Leia novamente:

> **ÉDIPO** – (*Ao Corifeu*) [...] Estas palavras, dirijo a todos vós, cidadãos, sem que nada saiba acerca do assassínio: sou estranho ao crime, e a tudo o que dele se conta [...]. Só depois desse atentado é que fui admitido como cidadão entre vós; e por isso a todos vós, tebanos, declaro o seguinte: Quem quer que saiba quem matou Laio, filho de Lábdaco, fica intimado a vir à minha presença para mo dizer [...] E, ao criminoso desconhecido, eu quero que seja para sempre maldito! A todos quantos se recusem a me obedecer, desejo que os deuses lhes neguem todo e qualquer fruto da terra, e prole de suas esposas; e quero que para sempre padeçam de todos os males que ora sofremos, e de outros ainda mais cruéis. E a vós tebanos, que, certamente, aprovais meus desígnios, que a Justiça vos proteja, e que todos os deuses vos sejam propícios!

a) Qual é o decreto do rei de Tebas?

___

b) Contra-argumentando a acusação de ser cúmplice da morte de Laio, Tirésias diz a Édipo que cumpra, ele mesmo, o decreto que estabeleceu. Por quê?

___

3 Leia novamente a declaração de Tirésias:

> **TIRÉSIAS** – Será verdade? Pois EU! EU é que te ordeno que obedeças ao decreto que tu mesmo baixaste, e que, a partir deste momento, não dirijas a palavra a nenhum destes homens, nem a mim, porque o **ímpio** que está **profanando** a cidade ÉS TU!

- Como as palavras em destaque se relacionam ao que Creonte comunicou aos tebanos?

___

4 Releia a declaração de Tirésias sobre a vida de Édipo:

> **TIRÉSIAS** – Se tu possuis o régio poder, ó Édipo, eu posso falar-te de igual para igual! Tenho esse direito! Não sou teu subordinado, mas sim de Apolo; tampouco jamais seria um cliente de Creonte. Digo-te, pois, já que ofendeste minha cegueira, que tu tens os olhos abertos à luz, mas não enxergas teus males, ignorando quem és, o lugar onde estás, e quem é aquela com quem vives. [...] Um dia virá, em que serás expulso desta cidade pelas maldições maternas e paternas. Vês agora tudo claramente; mas em breve cairá sobre ti a noite eterna. Que asilo encontrarás, que não ouça teus gemidos? [...]

a) Tirésias estabelece um contraste entre dois momentos na vida do rei Édipo. Quais são esses momentos?

_____
_____
_____
_____

b) Quais são os possíveis sentidos da expressão **cairá sobre ti a noite eterna**?

_____
_____
_____
_____

5 Leia:

> A tragédia e a comédia são as formas principais do teatro grego clássico. A primeira trata do percurso sofredor de um virtuoso, promovendo sentimentos de terror ou piedade no espectador, a chamada catarse. A segunda trata dos vícios evidentes na sociedade, promovendo o riso, o deboche e a zombaria.

- Levando-se em conta as características de uma tragédia grega, qual é a função do coro?

_____
_____
_____
_____

6 Releia a primeira fala de Tirésias ao encontrar Édipo.

> **TIRÉSIAS** – Oh! Terrível coisa é a ciência, quando o saber se torna inútil! Eu bem assim pensava; mas creio que o esqueci, pois do contrário não teria consentido em vir até aqui.

O sentido adequado à palavra **ciência**, nesse contexto, é:

a) conhecimento elaborado e sistematizado por meio de métodos racionais.

b) saber aprofundado e precavido sobre determinado fato e/ou situação.

c) reunião de conhecimentos sistematizados por meio de pesquisa empírica e teórica.

d) conjunto de informações que compõem o que se chama de erudição.

7 Releia atentamente o seguinte trecho:

> *Entra TIRÉSIAS, velho e cego, guiado por um menino. Escoltam-no dois servidores de ÉDIPO.*
> [...]
> **TIRÉSIAS** – Para teu benefício, eu bem sei, teu desejo é inoportuno. Logo, a fim de não agir imprudentemente...
> **ÉDIPO** – Pelos deuses! Visto que sabes, não nos ocultes a verdade! Todos nós, todos nós, de joelhos, te rogamos!
> **TIRÉSIAS** – Vós delirais, sem dúvida! Eu causaria a minha desgraça, e a tua!
> **ÉDIPO** – Que dizes?!... Conhecendo a verdade, não falarás? Por acaso tens o intuito de nos trair, causando a perda da cidade?

a) Qual é a função das rubricas nos textos teatrais? Transcreva do texto lido duas rubricas.

b) Na primeira fala de Tirésias, por que foram empregadas reticências?

c) Por que há muitos pontos de exclamação na primeira fala de Édipo?

d) Na última fala de Édipo, qual é a finalidade do uso recorrente dos pontos de interrogação?

8. Leia as tiras a seguir.

As ~~Fantásticas~~ **TRAUMÁTICAS** Aventuras do Filho do Freud por Pacha Urbano

Disponível em: https://filhodofreud.tumblr.com/page/13. Acesso em: 22 maio 2020.

As ~~Fantásticas~~ **TRAUMÁTICAS** Aventuras do Filho do Freud por Pacha Urbano

Disponível em: https://filhodofreud.tumblr.com/page/13. Acesso em: 22 maio 2020.

a) De que maneira a primeira tira dialoga com a tragédia *Édipo Rei*?

_____
_____
_____
_____
_____
_____

b) Na segunda tira, Dr. Jung é uma referência ao psiquiatra Carl Gustav Jung (1875-1961), fundador da Psicologia Analítica. No segundo quadrinho, é possível inferir qual é a intenção do filho ao ler o telegrama para o pai? Justifique sua resposta.

_____
_____
_____
_____
_____

c) Explique a fala do pai para o filho no último quadrinho da segunda tira.

d) Observe novamente o título das tiras. Com que intenção parece ter sido criado o jogo de palavras entre **fantásticas** e **traumáticas**? Que efeito de sentido essa duplicidade provoca?

Complexo de Édipo

Textos clássicos são sistematicamente revisitados em diferentes períodos da história da humanidade e por áreas de conhecimento diversas. A tragédia grega *Édipo Rei*, escrita por Sófocles por volta de 427 a.C., é um exemplo disso.

Inspirado no texto de Sófocles, o médico neurologista e fundador da Psicanálise Sigmund Freud (1856--1939) cunhou o conceito do **Complexo de Édipo**.

De acordo com Freud, o conflito com as próprias origens e suas relações familiares é carregado por todo ser humano, definindo sua estrutura psíquica e, consequentemente, sua forma de ser no mundo.

Na criança, esse conflito começa a se manifestar quando o menino demonstra uma preferência exagerada pela mãe, querendo que ela lhe dê atenção exclusiva. O menino tem ciúme do pai e faz de tudo para privá-lo de contato com a mãe. Ao mesmo tempo, sente culpa por isso.

À medida que o menino se torna adolescente e, mais tarde, adulto, ele vai se desligando da mãe aos poucos, deixando de competir com o pai e começando a tratá-lo normalmente.

Crônica e tragédia grega

1. Leia o mapa mental a seguir. Você pode consultá-lo sempre que quiser se lembrar dos elementos principais dos gêneros **Crônica** e **Tragédia grega**.

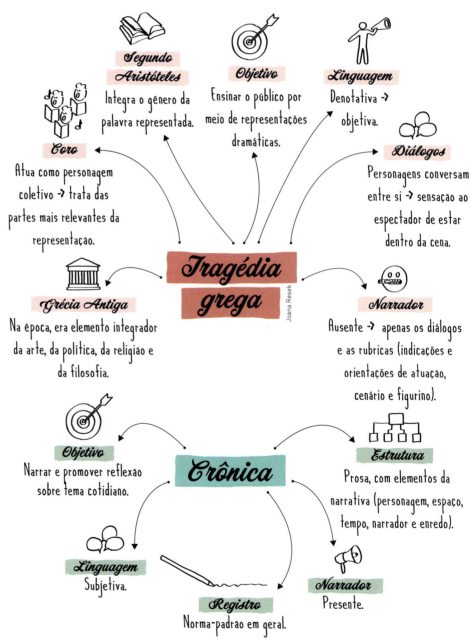

2. Para compreender melhor a relação entre os gêneros estudados nesta unidade, bem como a tipologia e o campo de atuação a que pertencem, complete o mapa mental a seguir com o título e o gênero dos textos. Observe os ícones que acompanham os textos indicando o campo de atuação a que pertencem.

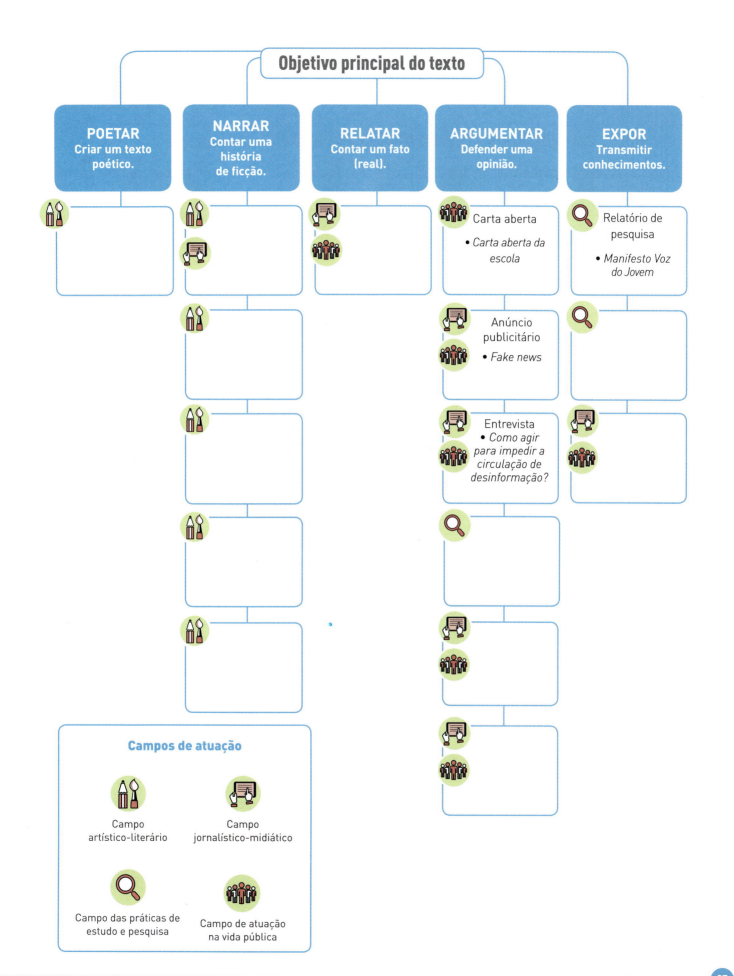

Oficina de produção escrita

Retextualização da crônica para texto teatral

Nesta unidade você leu uma crônica e um trecho de uma conhecida tragédia grega. Ambos apresentam elementos narrativos: contam uma história e têm personagens que desempenham ações em local e momento determinados. Contudo, são gêneros textuais diferentes.

Que tal, agora, você e dois colegas adaptarem a crônica para um texto teatral?

CONHECER/RECORDAR

1. Vamos começar conhecendo um pouco mais sobre o que é uma retextualização.

> **Retextualização** é o processo de criação de um novo texto com base em outro. Para isso, devem ser feitas as adaptações necessárias quanto ao suporte, à estrutura, à linguagem etc. de um texto para o outro. Há vários tipos de retextualização. Por exemplo, esse processo ocorre quando uma entrevista oral é transcrita e publicada em material impresso ou um romance é transformado em roteiro cinematográfico.

2. Para recordar as características da crônica e do texto teatral (como a tragédia grega), associem corretamente as colunas.

   I. Crônica

   II. Texto teatral

   ☐ Também chamado de texto dramático ou peça de teatro, o texto serve de base para uma encenação teatral.

   ☐ Estrutura-se baseada na organização de tempo, espaço, personagens, narrador e enredo.

   ☐ O assunto está relacionado a uma situação cotidiana, que é contada sob o olhar subjetivo do narrador.

   ☐ Estrutura-se essencialmente por meio de diálogo, e suas ações e expressões procuram dar ao espectador a sensação de vivenciar a cena.

   ☐ Apresenta indicações de cena (chamadas rubricas), que orientam a organização da cena, dos figurinos e da movimentação dos personagens.

   ☐ A narrativa geralmente é curta e pode ter o foco narrativo de primeira ou de terceira pessoa.

PLANEJAR

3. O texto-base pode ser o **Texto 1** ou outra crônica escolhida pelo grupo.
4. Lembre-se de que, para realizar o processo de retextualização, é necessário estudar quais serão as adaptações feitas para a adequação da narrativa ao novo gênero textual.

- Nos textos teatrais, diferentemente do que ocorre na crônica, geralmente não há um narrador. Seria interessante vocês estruturarem seu texto teatral com base em uma sequência dialógica.
- A sequência de acontecimentos precisa ser clara: deve ser marcada por meio de diálogos e das rubricas teatrais, as quais indicam a movimentação dos personagens em cena e as mudanças relativas a tempo e espaço.
- Prestem atenção à adequação da linguagem à fala dos personagens, que pode ser menos ou mais formal, de acordo com a crônica escolhida.

5. Elaborem um rascunho do texto.

PRODUZIR

6. Elaborem o roteiro da adaptação da crônica para o teatro, observando os pontos a seguir.
   - Separem as falas dos personagens indicando o nome de cada um antes de cada fala.
   - Planejem a sequência de ações e como elas serão indicadas no roteiro.
   - Insiram entre parênteses: as rubricas (as orientações sobre a movimentação dos personagens em cena), o cenário, o figurino, a sonoplastia, a inflexão dada às falas pelos atores etc.
   - Escolham a pontuação adequada para indicar a intenção de cada fala.

REVISAR

7. Ao terminar de escrever o texto, leiam-no e corrijam o que for necessário. Verifiquem se:
   - o roteiro contém todos os elementos da narrativa abordada pela crônica;
   - a história está compreensível e coerente;
   - as características específicas do texto teatral (indicações de quem fala, marcadores de cena, ou seja, as posições dos atores no palco, e as indicações de movimentação dos personagens) estão presentes.

8. Passem o texto a limpo e entreguem-no ao professor. Fiquem atentos às sugestões que ele fará.

COMPARTILHAR

9. Um roteiro de teatro é escrito para ser encenado. É isso que vocês farão agora, conforme as instruções a seguir, na **Oficina de produção oral**.

Oficina de produção oral

Encenação teatral

Agora é o momento de levar ao palco um dos roteiros de teatro que vocês produziram na **Oficina de produção escrita**.

RECORDAR

1. Vamos recordar como é feita uma encenação teatral assistindo ao vídeo de trechos de uma adaptação do romance *Romeu e Julieta*, feita pelo Grupo Divulgação, em 2016.

Trechos do espetáculo *Romeu & Julieta*. Direção: José Luiz Ribeiro. Intérprete: Grupo Divulgação. Juiz de Fora: UFJF, 2016. 1 vídeo (2min23s). Disponível em: https://www.youtube.com/watch?v=miBdF0i8oPM. Acesso em: 26 abr. 2020.

2. Converse com os colegas e enumerem as principais características de uma encenação teatral.

PLANEJAR

3. É hora de vocês pensarem em como será a encenação de uma das adaptações da crônica para o teatro que produziram. Os trios que produziram os roteiros com base na crônica devem se reunir com outros, para formar um único grupo e escolher uma das produções para a encenação, de acordo com a quantidade de personagens.

4. Observem alguns aspectos.

    a) **Ensaios**. As falas precisam ser decoradas e repassadas em ensaios anteriores à dramatização. Nesse momento, deverão ser apontadas as marcações de cena, ou seja, os lugares que cada ator ocupará, bem como onde ficarão as peças do cenário. O grupo precisa eleger um diretor entre vocês, que ficará atento e auxiliará nessas marcações cênicas.

    b) **Em cena**. O posicionamento cênico é muito importante em uma peça teatral. Lembrem-se de não ficar de costas para o público. Caso seja necessário um ator se voltar para outro em cena, um truque é ficar lado a lado com o colega, com a atenção dirigida a ele, mas de frente para a plateia.

    c) **Voz**. O ensaio contribui para o exercício da entonação e da projeção vocal. Falem alto e claramente, articulando bem as palavras que vocês decoraram, para que sejam compreendidos pelos espectadores.

    d) **Expressividade**. O teatro é uma imitação, no palco, de ações humanas reais. Logo, é preciso ser verdadeiro, vestir o personagem, sem, contudo, exagerar no drama. Ao mesmo tempo, é preciso "não dizer as palavras apenas por dizê-las".

    e) **Segurança**. Demonstrem tranquilidade em cena. Tenham as falas decoradas, mas também estejam preparados para improvisar, na medida certa, de acordo com a necessidade da cena ou caso esqueçam o que deveriam dizer.

5. Vocês podem incrementar a encenação utilizando figurinos e cenários. Dividam as tarefas, assim o trabalho será mais fácil e o resultado, mais interessante.

    - Escolham roupas, máscaras e/ou adereços para cada personagem.
    - Criem efeitos sonoros para a apresentação, de acordo com a cena.
    - Componham um cenário para a representação dos atores.

PRODUZIR

6. Em um dia e local combinados, realizem as encenações no teatro da escola ou do bairro, ou mesmo na sala de aula.
7. Se houver oportunidade, vocês poderão fotografar ou filmar a apresentação.

REVISAR

8. Após a encenação, considerem as seguintes perguntas:
    - O texto escrito foi encenado conforme as instruções do roteiro?
    - Os atores disseram corretamente suas falas, sendo compreendidos pela plateia?
    - Foi necessário improvisar?
    - A encenação conseguiu captar e manter a atenção da plateia?
9. Considerando esses aspectos, comentem quais são os ajustes necessários no texto, pois estes contribuirão para aprimorar futuras interpretações teatrais.

Oficina de produção multimodal

Esquete

Você conheceu dois textos relacionados à Grécia Antiga. Um deles é uma tragédia grega que, como você viu, é um texto escrito para ser encenado como uma peça teatral. Atualmente, é comum a divulgação de encenações denominadas **esquetes**, que tratam de modo cômico uma temática atual.

Depois de conhecer um exemplo de esquete, será a sua vez de, em grupo, produzir um esquete utilizando o tema da história *Édipo Rei*. O esquete deverá ser filmado e compartilhado em uma rede social.

CONHECER

1. Assistam ao vídeo com o esquete *Descobrimento*, do grupo Porta dos Fundos, e observem como um fato histórico ocorrido há mais de 500 anos foi recontextualizado.

DESCOBRIMENTO. [*S. l.: s. n.*], 2016 (ca. 4 min). Publicado pelo canal Porta dos Fundos. Disponível em: https://www.youtube.com/watch?v=S9UTFKPyTMs. Acesso em: 28 abr. 2020.

PLANEJAR

2. Reúna-se em grupo com quatro colegas e elaborem um pequeno roteiro de teatro. A cena deve remeter à história *Édipo Rei*, mas ser adaptada ao contexto dos dias atuais no que se refere a vocabulário, cenário, figurino e abordagem em seu cotidiano.

3. Elaborem um roteiro geral, com a divisão de papéis e orientações para os atores. Lembrem-se: é possível incluir improvisações no momento da encenação. Preparem-se para isso.

PRODUZIR

4. Escolham um lugar para os ensaios e repassem a cena do esquete, treinando para a apresentação. Vocês podem escolher um dos atores para ser também o diretor, ou todos podem dirigir a cena, ou seja, organizá-la definindo posições e corrigindo gestos e posturas.

5. O esquete deve ter entre 3 e 5 minutos. Fiquem atentos a alguns aspectos.
    - Os atores podem improvisar, incluindo falas e ações, mas é preciso seguir o fio condutor da cena para dar a deixa que permite o encadeamento das falas de cada personagem. Como se trata de uma encenação curta, tomem cuidado para que os improvisos não deixem a cena cansativa.
    - Na hora da gravação, posicionem-se de frente para a câmera. Vocês podem gravar a cena de diferentes ângulos e editar as imagens em seguida.
    - Falem alto e claramente, articulando bem as palavras, para que sejam compreendidos pelos espectadores.
    - Sejam verdadeiros em cena, "vestindo" os personagens, mas sem exagerar no drama.
    - Demonstrem segurança em cena.
6. Vocês podem enriquecer a encenação com cenários e figurinos, mas isso é opcional. Os aspectos mais importantes são o tema do esquete e a expressividade dos atores.

COMPARTILHAR

7. Em um dia combinado, organizem um lugar, encenem e filmem o esquete. Em seguida, compartilhem os vídeos com a turma, utilizando redes sociais ou plataformas de vídeo.
8. Além da avaliação do professor, escolham outro grupo para avaliar o esquete, fazendo o mesmo com a produção deles.

REVISAR

9. Após as encenações, reúnam-se com os outros grupos e avaliem como foram os esquetes.
    - O esquete foi curto e objetivo e contemplou o tema da história que foi roteirizada?
    - Os atores disseram corretamente suas falas, de modo audível na gravação?
    - A encenação conseguiu captar e manter a atenção do espectador?
10. Considerando esses aspectos, identifiquem os ajustes necessários. Eles contribuirão para aprimorar futuras encenações. Além disso, o exercício do teatro proporciona maior consciência corporal, desenvolvimento da expressividade oral e segurança em outros tipos de apresentação e até mesmo nas interações com outras pessoas.

Conheça

Livro
- *O melhor do teatro grego: edição comentada – Prometeu acorrentado, Édipo rei, Medeia, As Nuvens*, de vários autores. Rio de Janeiro: Zahar, 2013.

Filme
- *Troia*, direção de Wolfgang Petersen. Estados Unidos, 2004.

Site
- Domínio público. Disponível em: http://www.dominiopublico.gov.br/pesquisa/PesquisaObraForm.jsp. Acesso em: 26 abr. 2020.

UNIDADE 4

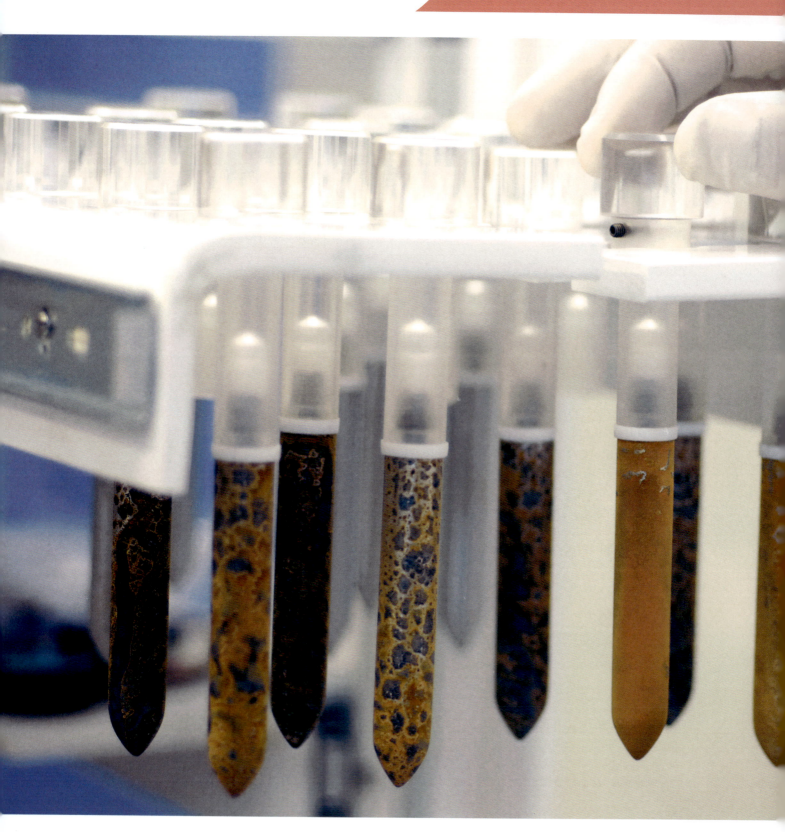

Ética e Ciência

Ao longo dos últimos séculos, a Ciência tem se desenvolvido de maneira rápida e promovido diversas mudanças na sociedade. Dos medicamentos à agricultura, dos *smartphones* aos satélites, tem expandido seus domínios e transformado a vida humana.

Você acha que os estudos científicos são importantes? Será que há riscos nos experimentos da área científica? O que é ética e como preservá-la no desenvolvimento das pesquisas científicas?

Nesta unidade, vamos refletir sobre as contribuições que os conhecimentos científicos podem trazer para os seres humanos. Além disso, vamos pensar sobre como postagens que têm sido disseminadas nas redes sociais podem gerar desinformação e colocar em risco a vida das pessoas.

Boa leitura!

Observe a foto de abertura, atentando-se a cada detalhe.
- Qual é o contexto da foto? Quais elementos você observou para chegar a essa resposta?
- O que é Ciência? Você consegue reconhecê-la em seu cotidiano?

O que você vai estudar?
Gêneros
- Notícia
- Artigo acadêmico

Língua e linguagem
- Coordenação e subordinação

O que você vai produzir?
Oficina de produção
- Seminário (oral)
- Artigo acadêmico (escrito)

Experimento científico realizado em laboratório de física. São Paulo (SP), 2006.

TEXTO 1

Antes de ler

1. Observe a forma de organização do texto e leia os dados sobre a fonte. Qual parece ser o gênero textual?
2. Por meio do título, pode-se deduzir o assunto que é abordado no texto? Explique.

CORONAVÍRUS

Brasil entra em sua sexta onda de desinformação sobre a covid-19

De curas milagrosas a caixões vazios, picos de boatos acompanharam ritmo do avanço da doença no país

1º jul.2020 às 15h00   EDIÇÃO IMPRESSA

Gustavo Queiroz

AGÊNCIA LUPA Desde o início da pandemia de covid-19, o Brasil registrou ao menos cinco ondas de desinformação sobre a doença, e já vislumbra a sexta.

Rumores não confirmados sobre a origem do novo coronavírus, falsos tratamentos e meios de prevenção sem comprovação científica se espalharam antes mesmo de ele chegar ao país. Já os boatos sobre caixões enterrados vazios, hospitais sem pacientes e distorções de dados oficiais brotaram conforme a pandemia avançava.

As ondas de desinformação se caracterizam pela intensa aparição em redes sociais de conteúdos falsos sobre um mesmo tema em um curto período de tempo. De 24 de janeiro a 30 de junho, a Lupa desmentiu 229 conteúdos relacionados ao novo coronavírus.

Desses, 36% versavam sobre os temas identificados como tendências desinformativas sobre o novo coronavírus. Algumas delas se espalharam pelo mundo e foram verificadas também em outros países.

Em janeiro publicações já questionavam a origem do vírus. Entre as mais populares, acusações de que ele tinha sido criado em laboratório na China, o que foi desmentido também no Canadá e nos Estados Unidos. Dois vídeos viralizaram como sendo de um mercado em Wuhan, onde a doença teria surgido. As imagens eram da Indonésia, de locais famosos pela venda de carne de animais exóticos.

Outra falsa teoria indicava que um laboratório britânico tinha a patente de uma vacina para a covid-19 já registrada e, por isso, teria espalhado o vírus em busca de lucro. O documento, no entanto, mostrava a patente de uma versão inativada de outro tipo de coronavírus, que afeta somente aves.

No início de março, após os primeiros registros da doença no Brasil, uma nova onda de desinformação surgiu, com supostas curas milagrosas. Um dos primeiros textos a ganhar força no WhatsApp dizia que o vinagre era mais eficiente do que o álcool em gel para desinfetar superfícies, creditando um "químico autodidata".

Também circularam conteúdos sobre chás que atuariam contra o vírus. O Ministério da Saúde chegou a emitir notas desmentindo as informações. As falsas terapias são uma tendência mundial, fortemente influenciada pela cultura. Em abril, pelo menos oito checagens sobre "curas" foram feitas pela **Lupa**. O foco, então, passou para medicamentos cuja eficácia contra covid-19 até hoje não foi comprovada.

A cloroquina e a hidroxicloroquina, usadas no tratamento da malária, ganharam espaço após anúncio favorável do presidente norte-americano, Donald Trump. O presidente Jair Bolsonaro (sem partido) comprou a ideia, dividindo partidários e oposição sobre o remédio, que, até agora, não se provou eficaz.

Os conteúdos falsos sobre remédios coincidiram com a terceira onda de falsidades: os caixões que estariam sendo enterrados vazios para inflar os números da pandemia.

Fotos e vídeos de um caixão vazio, supostamente desenterrado em Manaus (AM), circularam em abril. As cenas tinham sido registradas em 2017, em São Carlos (SP), quando estelionatários simularam um enterro para aplicar golpe em uma seguradora.

Outras peças de desinformação do tipo circularam no fim de abril e início de maio. Em uma delas, uma imagem sugeria que uma pessoa carregava um caixão apenas com os dedos. Da foto, editada, tinha sido suprimida uma mesa, onde o caixão repousava. Uma das consequências dessa onda foi vista na Bahia. Em maio, cinco pessoas de uma mesma família contraíram a covid-19 após abrir o caixão de um parente morto pela doença.

A lógica de que a pandemia não era tão grave inspirou outra leva de conteúdos falsos. Na segunda semana de abril, um homem foi ao Hospital Leonardo da Vinci, dedicado a pacientes com covid-19 em Fortaleza (CE), e fez imagens que mostravam pouco movimento na recepção. Na verdade, ela estava vazia porque os pacientes eram encaminhados por outras unidades de saúde e imediatamente internados.

Explosão de enterros em Manaus (AM).

Esta foi a primeira de 15 checagens feitas pela **Lupa** sobre o tema em diferentes estados. Nenhum dos vídeos retratava a realidade. A tendência não foi exclusividade do Brasil: nos EUA, negacionistas criaram a *hashtag* #FilmYourHospital para promover conteúdos semelhantes. Checadores apontaram informações falsas ainda na França e na Dinamarca.

Em maio, a quinta onda surgiu, distorcendo dados oficiais para negar a gravidade da pandemia. Foram 24 checagens de conteúdos que deturpavam informações ou usavam números inventados sobre a covid-19 e outras doenças, como a H1N1. Um dos métodos mais comuns comparava, de forma equivocada, dados do Portal da Transparência do Registro Civil.

Com o avanço da pandemia e das pesquisas científicas, uma nova onda já começa a se desenhar, envolvendo vacinas e alguns tratamentos em teste. A CoronaVac, desenvolvida pela empresa chinesa Sinovac e testada no Brasil a partir de julho, foi alvo de cinco verificações no mês passado.

Também começaram a surgir conteúdos falsos sobre a ivermectina, remédio que está sendo estudado para o tratamento da doença. Na última publicação sobre o tema, a droga foi associada a um protocolo que não está em uso pela Marinha do Brasil.

QUEIROZ, Gustavo. Brasil entra em sua sexta onda de desinformação sobre a covid-19. *Folha de S. Paulo*, São Paulo, 1 jul 2020. Disponível em: https://www1.folha.uol.com.br/equilibrioesaude/2020/07/brasil-entra-em-sua-sexta-onda-de-desinformacao-sobre-a-covid-19.shtml. Acesso em: 28 jul. 2020.

Interagindo com a notícia

1 A notícia tem algumas características fundamentais, como você pode ver a seguir. Complete o quadro exemplificando cada uma delas com um trecho do texto.

Apresenta um título objetivo e que chama a atenção do leitor.	
Apresenta um subtítulo com informações adicionais.	
Apresenta a data da publicação.	
É produzida por um ou mais jornalistas.	
É veiculada em um meio de comunicação.	
Relata um fato atual.	
Emprega linguagem impessoal, objetiva e direta.	
Pode apresentar falas de pessoas ou instituições.	

2 Qual é o principal fato noticiado?
_____
_____

3 Releia o título da notícia. Observe que ele antecipa o assunto do texto e, ao mesmo tempo, atrai a atenção do leitor, incentivando-o a ler toda a matéria. Com isso em mente, dê outro título à notícia, mantendo as duas funções descritas.
_____

4 A palavra **boatos**, empregada no subtítulo, tem o mesmo sentido de:
a) informação.
b) *fake news*.
c) fofoca.
d) notícia.

5 A notícia se refere a seis ondas de desinformação.

a) Segundo o texto, o que é uma onda de desinformação? Explique com suas palavras.

_____

_____

b) Enumere as seis ondas descritas pela notícia.

	Curas milagrosas e remédios não comprovados para a doença.
	Haveria pouco movimento em hospitais.
	Distorções de números oficiais de mortos.
	Caixões estariam sendo enterrados vazios.
	Já teriam sido desenvolvidas vacinas contra o covid-19.
	Questionamentos sobre a origem do coronavírus.

6 A notícia lida apresenta três exemplos em que a difusão das informações foi enganosa ou falsa.

a) Resumidamente, explique as informações que, segundo o texto, não eram verdadeiras.

_____

_____

_____

_____

_____

_____

_____

b) Agora, apresente as informações checadas.

_____

_____

_____

_____

_____

_____

c) Quem foi responsável por checar as informações e os fatos?

_____

_____

7 Releia o trecho a seguir, sobre o vídeo no qual um médico afirma que o uso de máscaras poderia fazer mal ao organismo.

> De 24 de janeiro a 30 de junho, a Lupa desmentiu 229 conteúdos relacionados ao novo coronavírus.
>
> Desses, 36% versavam sobre os temas identificados como tendências desinformativas sobre o novo coronavírus. Algumas delas se espalharam pelo mundo e foram verificadas também em outros países.
>
> Em janeiro publicações já questionavam a origem do vírus. Entre as mais populares, acusações de que ele tinha sido criado em laboratório na China, o que foi desmentido também no Canadá e nos Estados Unidos. Dois vídeos viralizaram como sendo de um mercado em Wuhan, onde a doença teria surgido. As imagens eram da Indonésia, de locais famosos pela venda de carne de animais exóticos.

a) Por meio de que recurso foi feita a checagem das informações?

_____
_____
_____

b) Que efeito de sentido a utilização desses recursos cria no processo de leitura da notícia?

_____
_____
_____
_____

c) Qual é a importância de se utilizar dados numéricos, como no trecho destacado?

_____
_____
_____
_____
_____

d) O trecho citado fala que "Dois vídeos **viralizaram**". Explique o que o termo destacado significa e a relação dele com a disseminação de notícias falsas.

_____
_____
_____
_____
_____

8. Converse com os colegas e levantem hipóteses por que, nos dias de hoje, informações enganosas e/ou falsas se disseminam com tanta facilidade?

9. Observe a imagem e a legenda.

Explosão de enterros em Manaus (AM).

- Entre as finalidades comunicativas da fotografia e da legenda em uma notícia estão, **exceto**:

a) causar impacto no leitor, motivando-o à leitura.

b) complementar as informações apresentadas no texto.

c) indicar dados numéricos que comprovem o fato noticiado.

d) ilustrar o tema tratado por meio de uma imagem, que é conectada ao texto pela legenda que a acompanha.

10. Em 2020, durante a pandemia do novo coronavírus, houve no Brasil um fluxo intenso de informações falsas e enganosas sobre a doença. Dada a seriedade do caso, o Ministério da Saúde criou, em seu *site* oficial, uma seção para verificação de informações. Veja, a seguir, dois exemplos de informações que circularam na época.

Não compartilhe esse conteúdo. Ele contém informações erradas.

Não existem estudos correlacionando vacinação para influenza e risco de adoecimento ou complicações por Covid-19. O artigo citado é de 2017(?), anterior ao surgimento da Covid-19, que foi registrada a primeira vez em dezembro de 2019. Além disso, o objetivo do artigo não era avaliar o risco de complicações por coronavírus com a vacinação contra influenza e também não é essa a conclusão dos próprios autores.

Para saber mais sobre o coronavírus (Covid-19), acesse nosso portal oficial: http://saude.gov.br/saude-de-a-z/coronavirus.

BRASIL. Ministério da Saúde. 1 ano: saúde sem *fake news*. [Brasília, DF]: Ministério da Saúde, [2020]. Disponível em: https://www.saude.gov.br/fakenews/46967-vacina-da-gripe-aumenta-risco-de-adoecer-por-coronavirus-e-fake-news. Acesso em: 27 jun. 2020.

Essa notícia é verdadeira.

Fumar aumenta o risco de desenvolver a forma grave do coronavírus (Covid-19). As pessoas que fumam, independente da idade, fazem parte do grupo de risco. Saiba mais em: https://bit.ly/2RpcPWh.

O Ministério da Saúde orienta cuidados básicos para reduzir o risco geral de contrair ou transmitir o coronavírus. Entre as medidas estão:

• Lave as mãos com frequência, com água e sabão. Ou então higienize com álcool em gel 70%.

• Cubra seu nariz e boca com lenço ou COM O BRAÇO (e não com as mãos!) quando tossir ou espirrar.

• Evite contato próximo com pessoas resfriadas ou que estejam com sintomas parecidos com os da gripe.

• Quando estiver doente, fique em casa.

• Evite tocar nos olhos, nariz e boca com as mãos não lavadas.

• Não compartilhe objetos de uso pessoal (como talheres, toalhas, pratos e copos).

• Evite aglomerações e mantenha os ambientes ventilados.

Para saber mais sobre a doença, acesse: https://www.saude.gov.br/saude-de-a-z/coronavirus.

BRASIL. Ministério da Saúde. 1 ano: saúde sem *fake news*. [Brasília, DF]: Ministério da Saúde, [2020]. Disponível em: https://www.saude.gov.br/fakenews/46704-fumar-aumenta-o-risco-da-forma-grave-de-coronavirus-e-verdade. Acesso em: 27 jun. 2020.

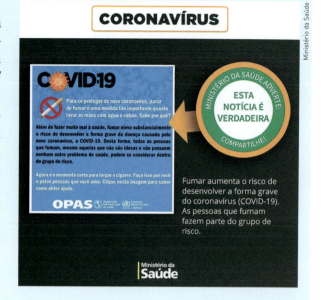

a) Qual é a informação falsa ou enganosa que o Ministério da Saúde desmente?

b) A quais recursos não verbais o texto do Ministério da Saúde recorre para indicar que a informação é falsa ou verdadeira??

c) Qual é a informação verdadeira que o Ministério da Saúde ratifica?

11 Considere o fragmento da notícia a seguir:

> Esta foi a primeira de 15 checagens feitas pela Lupa sobre o tema em diferentes estados. Nenhum dos vídeos retratava a realidade. A tendência não foi exclusividade do Brasil: nos EUA, negacionistas criaram a *hashtag* #FilmYourHospital para promover conteúdos semelhantes. Checadores apontaram informações falsas ainda na França e na Dinamarca.

- De que maneira a iniciativa da agência Lupa e a do Ministério da Saúde se aproximam?

12 Pode-se dizer que a disseminação de informações falsas e/ou enganosas é um problema de natureza ética? Por quê?

13 No texto sobre a informação verdadeira, o Ministério da Saúde apresenta, junto à imagem, uma lista. Releia.

> – Lave as mãos com frequência, com água e sabão. Ou então higienize com álcool em gel 70%.
>
> – Cubra seu nariz e boca com lenço ou COM O BRAÇO (e não com as mãos!) quando tossir ou espirrar.
>
> – Evite contato próximo com pessoas resfriadas ou que estejam com sintomas parecidos com os da gripe.
>
> – Quando estiver doente, fique em casa.
>
> – Evite tocar nos olhos, nariz e boca com as mãos não lavadas.
>
> – Não compartilhe objetos de uso pessoal (como talheres, toalhas, pratos e copos).
>
> – Evite aglomerações e mantenha os ambientes ventilados.

a) A finalidade dessa lista é

☐ estimular a adoção de medidas de prevenção ao novo coronavírus.

☐ orientar as pessoas contaminadas ao tratamento da doença.

b) Para cumprir com a finalidade comunicativa, esse trecho adotou o paralelismo, marcado pelo(a)

☐ emprego de conjunções semelhantes nas sentenças.

☐ estruturação sintática equivalente em todas as sentenças.

☐ emprego de verbos no imperativo no início das sentenças.

c) No excerto "Lave as mãos com frequência, com água e sabão. Ou então higienize com álcool em gel 70%.", o emprego do termo em destaque indica

☐ adição.

☐ alternância.

☐ conclusão.

d) Em "Cubra seu nariz e boca com lenço ou COM O BRAÇO (e não com as mãos!) quando tossir ou espirrar.", o uso dos parênteses tem a intenção de

☐ acrescentar uma informação relevante para o locutor textual.

☐ retificar uma informação prévia para o locutor textual.

TEXTO 2

Ética e Ciência: urgência do debate

Resumo

Ética e ciência, esta discussão necessita previamente passar pela concepção filosófica de "ser humano", 'ética' e 'ciência'. Na **perspectiva** existencialista, o homem é um ser capaz de **autodeterminação**, ou seja, ser sujeito do conhecimento e da ação. Em consequência, no campo ético, tudo aquilo que tira ou diminui essa dimensão de sujeito é considerado violência. Por sua vez, a ciência moderna ocidental contém em si um amplo projeto de dominação: da natureza, de si mesmo e do outro. Portanto, uma ciência ética só é possível a partir de uma nova postura diante da própria ciência e dos valores da sociedade.

Palavras-chave: Debate; Ciência; Ética.

1 – Introdução

A relação ética e ciência é um dos debates que nos foram **equacionados** no século XXI. A partir do lançamento da bomba nuclear nas cidades de Hiroshima e Nagasaki, no Japão, no fim da II Guerra Mundial em 1945, e ainda mais neste século, com a degradação do meio ambiente, a ambiguidade do progresso científico e tecnológico passou do plano teórico para o existencial. Começamos a perceber na vida cotidiana a deterioração do ambiente físico e social ao lado do mundo maravilhoso da tecnologia. Isto cria um **paradoxo** entre a ciência e a ética.

As conquistas tecnológicas nos campos da comunicação, transporte, alimentação, moradia, saúde e lazer convivem ao lado do desequilíbrio ecológico, da miséria, da fome, do desemprego, dos sem-terra, dos sem-teto, enfim ao lado de toda a violência que destrói a dignidade humana.

Para falarmos da relação entre ciência e ética é preciso, a princípio, buscarmos uma definição para a ética, e como esta vem a se contrapor à ciência.

2 – Como definirmos ética?

Poderíamos entender ética de várias formas. Uma delas poderia ser como a busca ou caminho para ou pela "verdade", que seria, talvez, e em algumas condições, subjetiva.

Se relembrarmos da origem da filosofia na Grécia, por exemplo, os **sofistas**, que através da **retórica** e do convencimento pelas palavras, da **oratória**, julgavam que "a verdade é resultado da **persuasão** e do **consenso** entre os homens". Isso era combatido por Sócrates, Platão e Aristóteles, que julgavam ser a essência da verdade através da razão e não do "simples" convencimento e consenso. Sócrates fazia isto através de perguntas básicas, feitas a diversos profissionais especialistas, tais como: ao "sapateiro" – o que é um sapato? Ao "juiz" – o que é a justiça? Ou o que é a verdade? E assim, a partir de um questionamento, buscava **desvendar**, através da razão e da lógica e não mais por um simples convencimento retórico, o que seria esta verdade.

Antes de ler

1. Observe o título e o nome do autor do texto. Com base nesses elementos, responda: pela profissão do autor e pela estrutura textual, qual você imagina ser o gênero do texto a seguir?
2. Consulte a fonte do texto e veja em que veículo ele foi publicado. Em quais meios, geralmente, são publicados textos como esse?

Hiroshima e **Nagasaki** são cidades japonesas que foram atacadas por bombas nucleares, lançadas pelo exército dos Estados Unidos, em agosto de 1945. O contexto histórico era o da Segunda Guerra Mundial, em que de um lado estavam os países Aliados (Estados Unidos, Inglaterra e Rússia) e do outro as nações do Eixo (Alemanha, Itália e Japão). Na Europa, a Alemanha já havia se rendido, em maio de 1945, mas, no Oceano Pacífico, a guerra continuava. Para obrigar os japoneses a se renderem, os americanos atacaram duas de suas principais cidades portuárias, no que foi o primeiro ataque com armas nucleares em guerra e contra civis. Nos bombardeios morreram entre 90 mil e 166 mil pessoas em Hiroshima, e entre 60 mil e 80 mil em Nagasaki.

Poderíamos dizer então que, de certa forma, Sócrates inaugura a ética dentro do discurso. Sócrates, como comenta MARCONDES (1998), seria:

> [...] um divisor de águas. É nesse momento que a problemática ético-política passa ao primeiro plano da discussão filosófica como questão urgente da sociedade grega superando a questão da natureza como temática central, pois a temática racionalista filosófica, inicialmente, era a natureza, iniciada por Tales de Mileto que buscava na própria natureza a explicação para ela própria, se afastando assim do mito em que tudo era explicado pelos deuses...

Assim teríamos a questão da subjetividade na ética, e a formação da própria sociedade interagindo entre ela e os indivíduos. A ética ajudando-nos a refletir sobre os costumes, sobre as práticas da ciência, da religião, da família, da empresa, enfim, em todas as instituições da sociedade. A ética nos ajuda a pensar a subjetividade. Que sujeito é esse em tal momento da história? Que sujeito é este hoje? Que "conhecimento" é este que buscamos pela ciência?

Ainda MARCONDES (1998) nos define ética da seguinte forma:

> A ética, do grego "ethike", diz respeito aos costumes e tem por objetivo elaborar uma reflexão sobre os problemas fundamentais da moral (finalidade e sentido da vida humana), os fundamentos da obrigação e do dever, natureza do bem e do mal, o valor da consciência moral.

3 – A ciência, a ética e a filosofia

Não existe um profissional ético, sem antes um homem ético. Portanto, a discussão sobre ética deve ser vista como uma situação-problema que provoca e estimula uma reflexão abrangente sobre a própria natureza da relação ética e ciência.

Em sua reflexão sobre o conceito de progresso MATOS (1993) conclui que: "como não há progresso que não seja também moral, a principal tarefa dos nossos dias é o combate pelo progresso dos direitos humanos.".

Referenciando a utopia que temos em comum: a humanidade com vida digna e feliz. Visto deste ponto, a reflexão filosófica não tem a utilidade imediata no sentido do senso comum. Sua contribuição à ciência e à técnica explicando os fundamentos epistemológicos e metodológicos e certamente, éticos. Citando CHAUÍ (1994):

> Não se trata, pois, rigorosamente de uma ciência, mas de uma reflexão em busca de uma fundamentação teórica e crítica dos nossos conhecimentos e de nossas práticas.

Segundo o existencialismo, o ser humano está em processo de autoconstrução. Em outras palavras, é um agente transformador da Natureza que, ao transformá-la, constrói sua própria essência. A natureza humana vem sendo construída pela própria humanidade no processo histórico atualizando sua potencialidade como agente transformador.

Sobre este conceito MATOS (1993) nos expõe:

> Temos uma natureza em devir. O ser humano é, ao mesmo tempo, um ser atualmente advindo e um ser ainda a vir, apenas prometido a si mesmo. [...] É aqui que se manifesta a estrutura fundamental da ação: de um lado, ela é aquilo em que se tornou, aquilo que ela é agora: do outro, também é uma antecipação de seu ser realizado e, por ser ação de um agente autônomo, ela implica em si a responsabilidade daquilo que fazemos de nós mesmos. E veremos como a responsabilidade de cada ser humano para consigo mesmo constitui, ao mesmo tempo, uma responsabilidade que ele tem com todos os homens.

4 – Ciência e ética nos dias atuais

A ciência, traço que singulariza as sociedades modernas, vem sendo analisada sob os mais diversos ângulos. Desde o enfoque mais clássico da epistemologia ao olhar mais recente dos estudos culturais, multiplicam-se os estudos sobre a atividade científica. Entretanto, em nossos dias, uma perspectiva, a da ética, exerce particular interesse, associada ao desenvolvimento contemporâneo das ciências da vida.

Alternativas inéditas, antigamente nem sequer questionadas, fazem, hoje, parte do cotidiano. Possibilidades como a preservação duradoura da vida em condições artificiais, a intervenção em fetos ou as que decorrem do amplo repertório de ações ligadas à clonagem evidenciam a expansão do nosso poderio científico-tecnológico. Poderio que nos inscreve, de imediato, no horizonte ético: podemos fazer, devemos fazer?

Os órgãos que regulam a ética nas pesquisas científicas que envolvam seres humanos, o crescente cuidado no trato dos animais associados à pesquisa científica, a atenção e a sensibilidade com que são vistas as questões relativas à intervenção no meio ambiente são indicadores de que estamos diante de um novo cenário. Mas, se, de um lado, devemos celebrar o reaparecimento da temática ética, na medida em que se localiza no campo da ação humana, por outro lado, cabe perguntar sob que condições é razoável esperar uma aproximação permanente entre a ciência e a ética.

Ética, entre outras coisas, significa restrição. O recurso a valores, constitutivos de qualquer agenda ética, implica aceitar proibições e limites. Caso existisse, uma sociedade inteiramente permissiva levaria à supressão da dimensão ética, que se tornaria supérflua num ambiente onde tudo fosse tolerado.

Se aceitarmos a associação entre a atitude ética e o estabelecimento de alguma espécie de limite, como poderíamos aproximar a ética e a ciência, entre os procedimentos éticos e a busca do conhecimento?

No contexto da sociedade atual, a que pertencemos, a criação dos campos científicos na modernidade ocidental é decorrência, entre outros fatores, da ideologia que preconiza a defesa da liberdade mais plena no que diz respeito ao conhecimento. A concepção moderna de ciência, a que estamos, ainda hoje, associados, é inseparável da progressiva reafirmação do princípio da autonomia da pesquisa e da rejeição, inegociável, da tutela, seja religiosa, seja política.

Glossário

advindo: decorrente ou originário de.
autodeterminação: capacidade de decidir por si mesmo.
consenso: concordância de ideias, opiniões.
contemporâneo: que é do tempo atual.
desvendar: revelar; dar a conhecer.
enfoque: perspectiva; abordagem.
epistemologia: estudo do conhecimento científico.
equacionar: tratar um problema analisando seus elementos de modo a buscar uma solução.
existencialismo: doutrina filosófica segundo a qual o ser humano, que primeiramente teve uma existência quase metafísica, criou-se e se escolheu a si próprio.
oratória: arte de bem falar.
paradoxo: contraposição de ideias.
perspectiva: ponto de vista.
persuasão: capacidade de convencer.
poderio: grande poder; riqueza.
preconizar: recomendar, aconselhar.
retórica: arte de bem falar e convencer.
singularizar: particularizar.
sofista: mestre que, na Grécia Antiga, cobrava taxa para ensinar técnicas de discurso e argumentação.
subjetividade: característica do que não é objetivo, do que segue referenciais próprios.

5 – Conclusão

Notamos que nos dias de hoje várias instituições se preocupam em elaborar um código de ética. Isso demonstra claramente a necessidade que a sociedade tem de "controlar" as medidas e atitudes das diversas profissões. Será que podemos permitir que a ciência, por exemplo, faça o que ela quiser? A ciência pode pesquisar o que ela quiser?

A ética seria desta maneira, então, intermediária, buscaria a justiça, a harmonia e os caminhos para alcançá-las. Quando buscamos, a justiça, a verdade, o entendimento e o conhecimento, o buscamos para satisfazer uma necessidade do sujeito.

O que é que distingue a ciência da não ciência? Como podemos demarcar a fronteira entre elas? É importante mencionar que a ciência deve ser entendida de maneira diversa, conforme o tempo em que a estudamos. O que chamamos de "conhecimento científico", também, pode variar conforme os diversos períodos da história. Na área médica, por exemplo, quando ouvimos uma voz científica dizendo: evite comer ou fazer tal coisa, que faz mal à saúde, e depois alguns anos mais tarde se contradizem dizendo que não é bem assim. Podemos citar o recente comunicado da Agência Nacional de Vigilância Sanitária (Anvisa) com respeito à gema do ovo malcozida.

Concluiu-se que ciência é um conhecimento sistemático, dá-se pela leitura, reflexão, sistematização, conhecimento lógico, sendo quase impossível vivermos sem seus benefícios. A ciência tenta discernir com sabedoria ética o melhor para o ser humano. Sendo de muita importância este apelo ético na ciência, pois a sociedade depende das consequências. A ética é uma característica própria a toda ação humana, tendo como objetivo facilitar a realização das pessoas. A ciência envolve investigação e busca pela verdade. Na ciência temos a ética como suporte para não haver erros, pois a responsabilidade faz parte da ética e é fundamental no meio científico. A produção científica não se realiza fora de um determinado contexto social e político.

6 – Referências

CHAUÍ, M. *Convite à filosofia*. São Paulo: Ática, 1994.

MATOS, O. C. F. A *escola de Frankfurt*: luzes e sombras do iluminismo. São Paulo: Editora Moderna, 1993 (Coleção Logos).

MARCONDES, D. *Iniciação à História da Filosofia*. 2. ed. São Paulo: JZE, 1998.

Raul Enrique Cuore. Ética e Ciência: urgência do debate. *Fernando Santiago*, [s. l.], c2004-2020. Disponível em: http://www.fernandosantiago.com.br/eticaciencia.htm. Acesso em: 30 abr. 2020.

Quem é o autor?

Raul Enrique Cuore é mestre em Educação pela Universidade Estadual do Mato Grosso do Sul (UEMS). Já atuou como professor universitário, e é docente de Matemática e Física das redes estadual e particular de ensino do Mato Grosso do Sul e de cursos preparatórios para concursos.

Ciência e desenvolvimento social

Afinal, qual a utilidade da ciência? De que maneira ela afeta a vida das pessoas? E como fazer para que seus efeitos sejam cada vez melhores, colaborando para a superação de problemas sociais?

A relação entre a evolução científica, o desenvolvimento tecnológico e a vida social é complexa. O desenvolvimento científico tanto ampliou a expectativa de vida dos seres humanos como foi responsável pela criação de armas de destruição em massa.

O progresso tecnológico a cada dia mais proporciona agilidade nos canais de comunicação e meios de transporte, mas também tem sido responsável pelo desaparecimento de profissões e ocupações diversas, gerando desemprego estrutural.

À esq., trabalhadores na linha de montagem da Ford Motor Company. Detroit, Estados Unidos, c. 1930. À dir., braços robotizados fabricados pela Kuka AG para uso na montagem da carroceria de um Volkswagen AG elétrico. Zwickau, Alemanha, fevereiro de 2020.

São inesgotáveis os exemplos do impacto que a ampliação do acesso ao conhecimento científico e tecnológico é capaz de gerar na vida social. O ensino de técnicas agrícolas sustentáveis pode melhorar a vida de muitas comunidades, além de ser essencial para a preservação do meio ambiente. O investimento em aparatos tecnológicos atrelado à formação dos estudantes potencializa sua inclusão social, favorecendo sua inserção no mercado de trabalho.

Disputa de FIRST LEGO League com estudantes de todo o país, Festival SESI de Robótica. São Paulo (SP), março de 2020.

Cientistas, pesquisadores, instituições públicas e privadas têm trazido esse debate para o século XXI: é urgente criar meios para que ciência e tecnologia agreguem benefícios à vida humana, contribuindo para mitigar as desigualdades socioeconômicas. É hora de todos se mobilizarem para esse debate.

Interagindo com o artigo acadêmico

1 Qual é a ideia central do texto?

a) Mudanças são necessárias para que haja mais ética na ciência e na sociedade como um todo.

b) O desenvolvimento de tecnologias foi determinante para o surgimento da ética nas ciências.

c) A subjetividade humana precisa ser pensada com o apoio da ética na ciência.

d) A ética na ciência precisa ser discutida sob vários pontos de vista diferentes.

2 Em qual parte do texto está a ideia central? Transcreva o trecho que comprova sua resposta.

_____
_____
_____

3 De acordo com o objetivo do gênero textual artigo acadêmico, pode-se concluir que a função do texto lido é:

a) narrar acontecimentos próprios do mundo acadêmico ligados à ética.

b) explicar o que é ética e como ela deve ser aplicada na ciência.

c) instruir sobre os diferentes contextos históricos da ética.

d) argumentar sobre a necessidade de haver ética na ciência e na sociedade.

4 A estrutura de um artigo acadêmico é bem parecida com a de um artigo de opinião, gênero que você estudou na Unidade 1. Numere os itens a seguir, colocando em ordem os tópicos da estrutura do artigo "Ética e Ciência: urgência do debate".

☐ Argumento: relação entre áreas do conhecimento e referência a ideias complementares.

☐ Contextualização do assunto: referência a fatos históricos e apresentação do assunto.

☐ Apresentação sucinta e geral do texto.

☐ Argumento: embasamento em conceitos históricos e comparação.

☐ Retomada do ponto de vista defendido e sugestão de possibilidades para novas discussões.

☐ Argumento: contextualização e aproximação com a contemporaneidade.

5 Com base em sua resposta à questão anterior, indique em quais aspectos se aproximam e em quais se diferenciam o artigo acadêmico do artigo de opinião. Você pode retornar às atividades da Unidade 1 para formular sua resposta.

_____
_____
_____
_____

6 Releia um trecho da **Introdução**.

> A relação ética e ciência é um dos debates que nos foram equacionados no século XXI. A partir do lançamento da bomba nuclear nas cidades de Hiroshima e Nagasaki, no Japão, no fim da II Guerra Mundial em 1945, e ainda mais neste século, com a degradação do meio ambiente, a ambiguidade do progresso científico e tecnológico passou do plano teórico para o existencial. Começamos a perceber na vida cotidiana a deterioração do ambiente físico e social ao lado do mundo maravilhoso da tecnologia. Isto cria um paradoxo entre a ciência e a ética.

- Explique por que o fato histórico foi utilizado para introduzir o texto. Indique, ainda, a relação entre esse fato e a ética na ciência.

_____
_____
_____
_____

7 Para estruturar o texto, em diversos momentos o autor faz perguntas. Observe:

> Ética, entre outras coisas, significa restrição. O recurso a valores, constitutivos de qualquer agenda ética, implica aceitar proibições e limites. Caso existisse, uma sociedade inteiramente permissiva levaria à supressão da dimensão ética, que se tornaria supérflua num ambiente onde tudo fosse tolerado.
>
> Se aceitarmos a associação entre a atitude ética e o estabelecimento de alguma espécie de limite, como poderíamos aproximar a ética e a ciência, entre os procedimentos éticos e a busca do conhecimento?

- Que efeito de sentido a utilização desse recurso provoca?

_____
_____

8 Releia dois trechos da terceira parte do texto e faça o que se pede.

> Não existe um profissional ético, sem antes um homem ético. **Portanto**, a discussão sobre ética deve ser vista como uma situação-problema que provoca e estimula uma reflexão abrangente sobre a própria natureza da relação ética e ciência.
>
> [...]
>
> Segundo o existencialismo, o ser humano está em processo de autoconstrução. **Em outras palavras**, é um agente transformador da Natureza que, ao transformá-la, constrói sua própria essência.

a) Qual é a importância das palavras destacadas para a composição do texto?

_____
_____
_____
_____

b) A palavra **portanto** transmite a ideia de:
- alternância.
- causa.
- conclusão.
- oposição.

c) A expressão **em outras palavras** transmite a mesma ideia? Por qual outra palavra ou expressão ela poderia ser substituída? Explique.

_____
_____
_____
_____

9 Sobre a linguagem do texto, escreva **V** nas afirmativas verdadeiras e **F** nas falsas.

☐ Raul Enrique Cuore utiliza, em seu artigo, a variante formal da língua.

☐ A linguagem de um artigo acadêmico é uma das peculiaridades que o caracterizam.

☐ O uso de linguagem informal é aceitável, já que o artigo acadêmico não prima pela credibilidade.

☐ O público ao qual um artigo acadêmico se destina é formado por pessoas com pouca escolaridade.

☐ A presença de termos específicos do meio acadêmico, o chamado jargão, é evidente nesse gênero textual.

O **artigo acadêmico** é um texto expositivo-argumentativo. Por um lado, visa à transmissão de conhecimentos nas áreas das ciências (humanas, exatas, biológicas etc.). Por outro lado, tem caráter argumentativo, pois defende uma tese, a qual é sustentada por argumentos (exemplos, dados estatísticos, relações de causa e consequência, contraposições etc.).
Geralmente, encerra-se com uma conclusão, que sugere possíveis soluções para os problemas elencados. Citações e referências de outras obras e outros autores, as quais seguem regras específicas de redação, contribuem para o caráter argumentativo do texto.
A linguagem é objetiva, clara e impessoal, e a variante formal é empregada. O artigo acadêmico também utiliza termos específicos da área do conhecimento abordada e destina-se a um público que procura ampliar pesquisas sobre um tema.

10 Ao longo do texto, aparecem alguns nomes escritos com destaque e acompanhados de números. Observe dois deles nos trechos a seguir.

> Ainda **MARCONDES (1998)** nos define ética da seguinte forma [...].

> Sobre este conceito **MATOS (1993)** nos expõe [...].

a) O nome escrito com letras maiúsculas e acompanhado do número remete a uma informação que pode vir no rodapé da página ou ao final do texto. Nesse caso, é uma referência a uma publicação usada para embasá-lo. Assinale as alternativas que completam corretamente a afirmação a seguir.

- A importância de referências como essas para um texto:

    ☐ deve-se à necessidade de indicar de onde as informações foram tiradas.

    ☐ evita cópia indevida, atribuindo de forma adequada o crédito a quem originou uma pesquisa.

    ☐ facilita o controle das citações, a fim de se poder cobrar pelos direitos autorais.

    ☐ impede que o autor seja acusado de plágio, garantindo a ética da pesquisa.

b) Faça uma pesquisa na biblioteca ou na internet para identificar o que significa cada parte da referência. Depois, complete o quadro a seguir com as informações coletadas.

MARCONDES,	D.	*Iniciação à História da Filosofia*	2. ed.	São Paulo:	JZE,	1998.

Coordenação e subordinação

1 Leia e compare os períodos a seguir.

Compare as duas formas de estruturar o período.

- **Período simples**

- **Período composto**

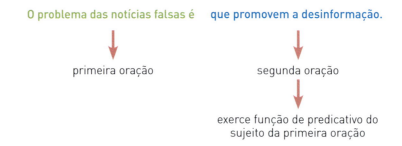

- **Observe:** A primeira oração (chamada de **oração principal**) é complementada sintaticamente por outra oração (chamada de **oração subordinada**), que exerce uma função sintática em relação à oração principal, a de predicativo do sujeito.

- **Conclusão:** As orações são subordinadas porque são sintaticamente dependentes uma da outra.

2 Vamos pensar sobre o que difere um período composto por subordinação de um período composto por coordenação? Veja a representação a seguir.

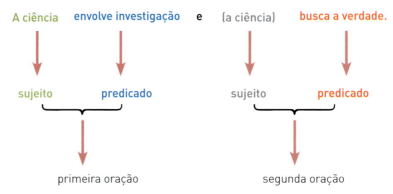

- **Observe:** a frase apresenta duas informações: "a ciência envolve investigação" e "a ciência busca a verdade"; a relação entre elas é estabelecida por meio da conjunção **e**.
- **Conclusão:** as orações são coordenadas porque são sintaticamente independentes uma da outra.

3 Leia novamente o parágrafo a seguir, tirado da notícia.

> Devido ao cenário crítico do país em relação ao controle da doença, a checagem de fatos sobre a pandemia adquiriu um nível de importância ainda maior, uma vez que a desinformação afeta diretamente a saúde das pessoas. Nesse sentido, tem havido uma prevalência de checagens sobre o assunto.

a) Sublinhe o período simples.
b) O período composto tem uma oração principal e duas subordinadas. Identifique-as.

4 As **orações subordinadas** que exercem funções sintáticas típicas do substantivo podem funcionar como **aposto**, **sujeito**, **predicativo**, **complemento nominal**, **objeto direto** e **objeto indireto**. Geralmente, são introduzidas pelas conjunções integrantes **que** e **se**, ou por um **verbo no infinitivo, no particípio ou no gerúndio**.

- Identifique a função sintática exercida pelas orações do quadro a seguir.

Período composto	Oração principal	Oração subordinada	Função sintática da oração subordinada
A verdade é que a ciência surpreende mais a cada dia.	A verdade é	**que** a ciência surpreende mais a cada dia.	
As pessoas questionam se a ciência se preocupa com a ética.	As pessoas questionam	**se** a ciência se preocupa com a ética.	
É importante estar bem informado.	É importante	**estar** bem informado.	

113

Vamos comparar?

Notícia e artigo acadêmico

1 Leia o mapa mental a seguir. Você pode consultá-lo sempre que quiser se lembrar dos elementos principais dos gêneros **Notícia** e **Artigo acadêmico**.

2 Para compreender melhor a relação entre os gêneros textuais estudados nesta unidade, bem como a tipologia e o campo de atuação a que pertencem, complete o quadro a seguir com o título e o gênero dos textos, de acordo com o objetivo comunicativo deles, ou seja, o objetivo principal para o qual foram escritos. Observe os ícones que acompanham os textos, indicando o campo de atuação a que pertencem.

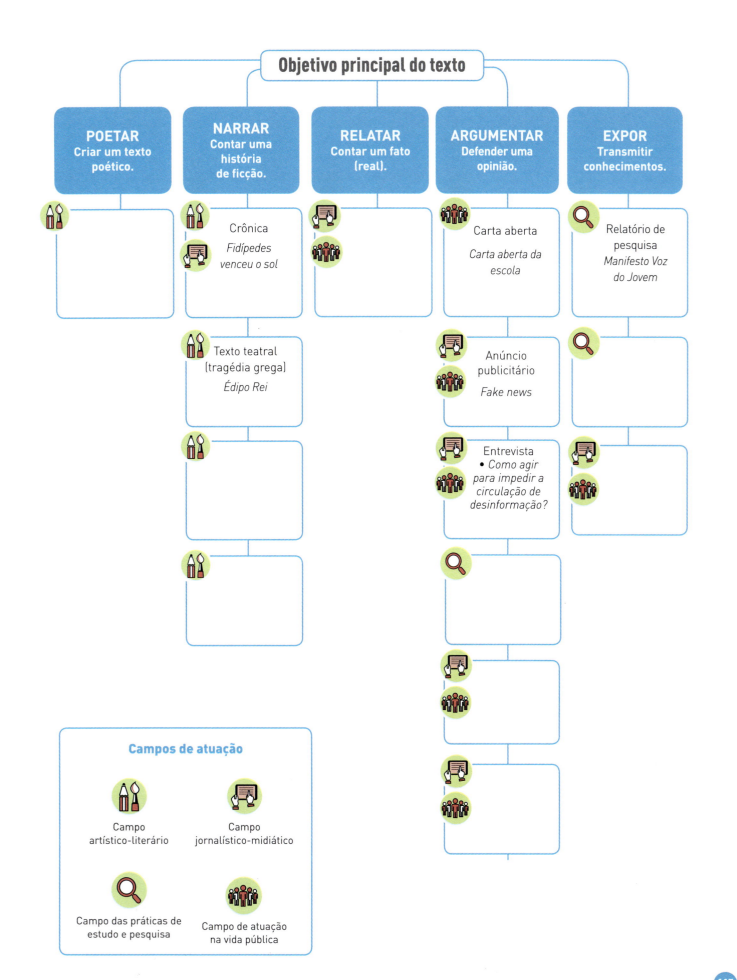

Oficina de produção oral

Seminário

A oficina de produção desta unidade será dividida em duas partes: primeiramente, em grupos, vocês vão apresentar um seminário; depois, vão utilizar a pesquisa realizada para o seminário para a elaboração de um artigo acadêmico.

Vamos começar com o seminário, gênero oral e público que só se concretiza em uma situação de interação nos meios escolares e acadêmicos.

O tema do seminário será **A ciência e o desenvolvimento humano**, mas vocês também poderão pesquisar outros assuntos ligados a ele.

RECORDAR

1. Junte-se a mais três colegas para formar um grupo.
2. Releiam o **Texto 1** e o **Texto 2** desta unidade. Anotem as dúvidas que surgirem e conversem com o professor para saná-las.
3. Delimitem o tema a ser trabalhado, a fim de que os seminários sejam interessantes para todos.
4. Façam um levantamento de materiais em que o tema seja abordado. Para um artigo acadêmico, as fontes precisam ser acadêmicas. Portanto, devem ser utilizados livros, artigos, publicações em periódicos científicos, enciclopédias etc.

PLANEJAR

5. Definam um esquema para a apresentação. Lembrem-se de que, para preparar a sequência, vocês devem levar em consideração algumas características do seminário, como: abertura do seminário com os devidos cumprimentos e apresentação dos participantes, apresentação do tema, exposição do trabalho e conclusão.
6. Delimitem o tempo que cada integrante do grupo terá para se apresentar.
7. Façam um esquema para organizar a apresentação, levando em consideração os seguintes pontos:
    - Qual será o primeiro tópico a ser apresentado?
    - Quais textos/autores estudados serão citados?
    - Quem iniciará a apresentação?
    - Qual será a sequência de apresentação pelos integrantes do grupo? (Lembrem-se de que, mesmo dividindo a apresentação entre os integrantes, todos deverão conhecer e dominar todo o conteúdo do seminário.)
    - Quais serão os recursos usados (cartazes, vídeo, retroprojetor etc.)? (Não se esqueçam de que o recurso audiovisual não deve substituir a fala, mas sim apoiá-la e complementá-la, dando leveza à apresentação.)

8. Ensaiem a apresentação com os colegas do grupo, cada um tendo em mãos uma cópia do esquema. Evitem ler o roteiro. Vocês podem consultá-lo como forma de orientar o que devem dizer. Se necessário, ensaiem várias vezes, até terem mais segurança em relação ao assunto e à fluência ao falar. É importante ainda observar o tempo previamente determinado pelo professor.

PRODUZIR

9. No início da apresentação, o aluno que for começar deve cumprimentar os colegas, anunciar o tema do seminário, o assunto a ser tratado dentro do tema e os integrantes do grupo.
10. Sigam o roteiro que prepararam para expor o assunto, sem omitir as informações nele contidas. Como o trabalho foi feito em grupo, lembrem-se de prestar atenção ao que o colega de grupo explicitará para, assim, retomarem o que foi falado por ele e dar coesão à exposição oral.
11. Não se esqueçam de que elementos como postura, voz, ritmo, olhar e empatia com o público podem ser determinantes para a apresentação de um bom seminário. Levando isso em consideração, lembrem-se de:
    - ficar em pé, de frente para a plateia;
    - manter o ritmo na fala e na entonação, para que a apresentação possa ser entendida e não fique cansativa;
    - falar alto, de forma que todos possam ouvi-los, sem que isso se torne, entretanto, incômodo aos ouvidos do público;
    - olhar nos olhos das pessoas que lhes assistem, a fim de transmitir segurança sobre o que se fala;
    - serem simpáticos com o público e se prontificarem a solucionar quaisquer dúvidas.

COMPARTILHAR

12. A turma pode se organizar e convidar as outras turmas do mesmo ano para assistir ao seminário. Gravem em vídeo as apresentações e utilizem esse material para avaliação dos trabalhos e para a plenária final.
13. Ao final de todas as apresentações, o professor poderá abrir uma plenária para discutir as questões levantadas pela plateia e aprofundar alguns pontos sobre o assunto. Durante a plenária, é possível que surjam vários pontos, que poderão ser abordados ou aprofundados. Isso os auxiliará a se aperfeiçoar para futuras apresentações.
14. Após a plenária, voltem para a sala de aula com o professor e, de posse das anotações da plateia, conversem sobre a experiência, buscando desenvolver o processo de autoavaliação do trabalho.

Oficina de produção escrita

Artigo acadêmico

O roteiro que você preparou para o seminário servirá de base para a elaboração de um artigo acadêmico. Mas, antes, recorde as características do gênero.

RECORDAR

1. Observe o quadro com as características do gênero.

Gênero	Artigo acadêmico
Tipo	Expositivo-argumentativo
Objetivo	Transmitir conhecimento das ciências.
Introdução	Contextualiza e apresenta a tese a ser defendida.
Desenvolvimento	Apresenta argumentos que sustentam o ponto de vista.
Conclusão	Retoma a tese e propõe soluções.
Citações	Reproduzem frases ou ideias de outro autor.
Referências	Indicam as fontes da citações, seguindo regras específicas.
Linguagem	É clara, objetiva, impessoal.
Público	Pesquisadores e pessoas interessadas no tema.

PLANEJAR

2. Com base nas informações coletadas para a realização do seminário, você deverá escrever um artigo acadêmico referente a esse tema. Pense em uma tese que esteja relacionada ao tema e aos subtemas dos seminários.
3. Estabeleça uma relação dos dados e dos argumentos pré-selecionados com a tese, e já articule a argumentação de seu texto por meio de comparações, exemplificações, citações etc.

PRODUZIR

4. Faça um esboço do texto, dividindo-o em três partes: introdução (contextualização e apresentação da tese), desenvolvimento (apresentação dos argumentos que sustentam a tese) e conclusão (retomada da tese, apresentando soluções e/ou perspectivas sobre o assunto).
5. Dê um título criativo para o texto. Lembre-se de que esse título é provisório, pois sua definição deve acontecer depois do artigo ser finalizado.
6. No final do texto, reúna as referências de todos os textos citados por você. Peça ajuda ao professor, caso necessário, e observe o formato apresentado no estudo do **Texto 2** nesta unidade.
7. **CUIDADO COM O PLÁGIO!** As citações e as referências são fundamentais em um artigo acadêmico. É imprescindível dar o crédito a quem realizou primeiramente a pesquisa. Utilizar as ideias de outra pessoa e não citar a referência é plágio, o que constitui crime contra a propriedade intelectual.

REVISAR

8. Todo texto deve ser revisto antes de ser entregue ao público final, para evitar possíveis falhas na clareza e na apresentação daquelas que deveriam ser as principais características desse gênero textual.

9. Releia o texto para saber se ele está coeso e coerente. Depois, troque-o com um colega, e leiam um o texto do outro observando os seguintes aspectos:
   - É possível identificar um ponto de vista (tese) logo no início do texto?
   - Os argumentos utilizados estão coerentes com a tese proposta?
   - A conclusão converge para o objetivo a ser alcançado pela tese?
   - As citações e as referências estão adequadas?

10. Faça as correções necessárias no texto e entregue-o ao professor, que fará uma correção específica. Em seguida, implemente as alterações sugeridas por ele.

COMPARTILHAR

11. Digite a versão final do texto. Seria interessante reunirem os artigos para compor uma revista científica da turma. Para isso, é importante todos os textos apresentarem uma formatação padronizada, que pode ser a estabelecida pela Associação Brasileira de Normas Técnicas (ABNT). Para tanto, consulte o *site* http://www.abnt.org.br/ (acesso em: 6 maio 2020).

Conheça

Livros
- *Ciência, ética e sustentabilidade*, organizado por Marcel Bursztyn. São Paulo: Cortez; Brasília, DF: Unesco, 2001.
- *O Universo numa casca de noz*, de Stephen Hawking. Rio de Janeiro: Intrínseca, 2016.

Filmes
- *Estrelas além do tempo*, direção de Theodore Melfi. EUA: 2016.
- *O menino que descobriu o vento*, direção de Chiwetel Ejiofor. EUA, Malawi, França, Reino Unido, 2019.
- *O jogo da imitação*, direção de Morten Tyldum. EUA, 2014.

Sites/Podcast
- ABNT (Associação Brasileira de Normas Técnicas). Disponível em: http://www.abnt.org.br/.
- Alô, Ciência? Disponível em: https://open.spotify.com/show/6iJ4Mec2YxibKg8h6nmFx7?si=sx5Cu6KYQpqhSuyQVG-gTw.
- Revista Ciência Hoje. Disponível em: https://cienciahoje.org.br/. (Acessos em: 30 abr. 2020.)

UNIDADE 5

Retratos de família

Foto da família. Seropédica (RJ), década de 1960.

Assim como existem muitos tipos de família, há várias formas de retratá-la. Antigamente, também era chamado de retrato o que hoje é conhecido como fotografia. Esse termo é derivado da palavra *retratar*, ou seja, traçar o perfil detalhado de alguém. Logo, como a própria palavra indica, um retrato pode ser feito por meio de uma imagem, mas também de um poema ou de um conto, como os que você conhecerá nesta unidade.

Você já pensou em como a sua família poderia ser retratada sem utilizar uma fotografia? Talvez em uma música, em uma escultura, em uma charge?

Agora vamos conhecer um pouco mais sobre duas famílias que viveram em épocas e lugares bem diferentes. Boa leitura!

> **Sobre a imagem de abertura, converse com os colegas.**
> - Levante hipóteses: Qual pode ser o grau de parentesco entre as pessoas do retrato?
> - Além da legenda, quais são os outros indícios de que se trata de uma cena antiga?
> - Como é a sua família? Fale um pouco sobre ela para os colegas.

O que você vai estudar?
Gêneros
- Poema
- Conto psicológico

Língua e linguagem
- Relações semânticas

O que você vai produzir?
Oficina de produção
- Retextualização de conto para poema ou de poema para conto (escrita)
- *Vlog* literário (multimodal)

TEXTO 1

 Antes de ler

1 Leia o título do texto ao lado. Qual deve ser o assunto tratado nele?
2 Observe a disposição do texto na página. Qual parece ser o gênero textual?

No retrato

Toda a família se espreme
no retrato
ao lado do oratório.

Aninha está de vestido novo
e laço de fita no cabelo.
José surge da treva,
enfim lúcido e barbeado.
Filinto continua bêbado.
Laninha, essa ninguém convence,
permanece de mal com a vida,
como sempre.

Vô Chico não perde a esperança
de fazer as pazes com a bengala.
De quebra, sem que o vejamos,
limpa o coldre com a flanela.
João não esconde
sua dívida com o farmacêutico.
Zuleica parece ainda mais magra,
de coque alto
e luvas muito brancas.
Os netos fazem esforço
para que o retrato não atrapalhe
a festa. Bilico já estava morto
antes que entrasse na foto
o seu rádio de estimação.
Manolo não quis saber de posteridade.
A contragosto, comparece com a banqueta
feita em sua oficina
nos tempos da grande guerra.

Fabio Eugênio

Dona Cota também fugiu pela porta dos fundos,
mas arrumou bem arrumado
o jarro de flores
e por isso está no retrato.
André deu mão de cal na parede
e Lico, verniz brilhante
na cristaleira.
É de Catita a marinha
que se vê à esquerda (dela,
que morreu afogada, unhas ferindo
de crupe o crucifixo,
sem nunca ter visto
uma réstia qualquer de mar).
À esquerda, com moldura do Andrada,
esse mesmo
que alegou crise de asma
e fugiu com a costureira.
Solana repete o colar de pérolas,
agora no colo
da filha mais moça.
Hermengarda bordou a cortina
de organdi.

Toda a família está no retrato.
Até o Arlindo, aquele sonso,
que colou a porcelana
que se vê ao centro.

Mesmo os que não quiseram ou não puderam comparecer
estão ali, todos, nos trinques, fotografados.
Seja de esguelha ou de estalo.

Por isso
é de lei
nessa casa
reverenciá-lo.

Iacyr Anderson Freitas. No retrato.
In: Iacyr Anderson Freitas. *A soleira e o século.*
São Paulo: Nankin Editorial;
Juiz de Fora: Funalfa, 2002. p. 197-199.

Quem é o autor?

Iacyr Anderson Freitas (1963-) nasceu na cidade de Patrocínio do Muriaé (MG). É engenheiro civil e mestre em Teoria da Literatura. Estreou como escritor em 1982. Publicou diversos livros de poesia, contos e ensaios e ganhou reconhecimento nacional e internacional. Detentor de diversos prêmios literários no Brasil e no exterior, Iacyr Freitas tem textos traduzidos e publicados em vários idiomas.

Glossário

alegar: argumentar, ponderar.
coldre: estojo que, usualmente, fica preso ao cinto, para portar arma de fogo.
crupe: infecção respiratória que provoca tosse, rouquidão e pode levar à asfixia.
de esguelha: lateralmente, sem voltar o rosto na direção da pessoa ou coisa para a qual se olha.
de estalo: inesperadamente.
flanela: tipo de tecido.
lúcido: consciente, perspicaz.
marinha: representação pictórica de praia ou porto.
nos trinques: correto, sem falhas, impecável.
oratório: espaço doméstico destinado às preces.
organdi: tecido transparente e leve.
réstia: indício, vislumbre.

Interagindo com o poema

1 Observe a estrutura do poema e responda:

a) Quantas estrofes há nele?

b) Quantos versos há em cada estrofe?

c) O poema apresenta rimas?

2 Releia esta estrofe do poema para responder às perguntas a seguir.

> Toda a família se espreme
> no retrato
> ao lado do oratório.

a) Na escrita do verso inicial, o eu lírico optou pela forma **Toda a família**. Qual é a diferença de sentido entre essa construção e **Toda família**?

b) Qual seria a explicação para o emprego do verbo **espremer-se** nessa estrofe?

3) Releia com atenção os trechos a seguir.

> Aninha está de vestido novo
> e laço de fita no cabelo.
> [...]
> Dona Cota também fugiu pela porta dos fundos,
> mas arrumou bem arrumado
> o jarro de flores
> e por isso está no retrato.
> André deu mão de cal na parede
> e Lico, verniz brilhante
> na cristaleira.

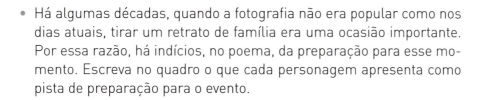

- Há algumas décadas, quando a fotografia não era popular como nos dias atuais, tirar um retrato de família era uma ocasião importante. Por essa razão, há indícios, no poema, da preparação para esse momento. Escreva no quadro o que cada personagem apresenta como pista de preparação para o evento.

PERSONAGEM	AÇÃO / ESTADO
Aninha	
Dona Cota	
André	
Lico	

4) Releia:

> José surge da treva,
> enfim lúcido e barbeado.

a) Considere o contexto do poema. Como se pode compreender o verso "José surge da treva"?
_____
_____
_____
_____
_____

b) Qual efeito semântico o advérbio **enfim** estabelece nesse trecho?
___
___
___

5) Leia novamente:

> Os netos fazem esforço
> para que o retrato não atrapalhe
> a festa [...].

- Por que os netos tiveram esse comportamento?
___
___
___

6) No poema, para construir a presença dos personagens Bilico e Dona Cota na fotografia, emprega-se o recurso de:
a) **ironia**, dizendo o contrário do que se pretendia.
b) **antítese**, aproximando vocábulos opostos.
c) **comparação**, reunindo semelhanças com conjunções.
d) **metonímia**, substituindo um referente por outro.

- Justifique sua resposta com trechos do poema.
___
___
___
___

7) Releia os versos a seguir.

> Manolo não quis saber de posteridade.
> A contragosto, comparece com a banqueta
> feita em sua oficina
> nos tempos da grande guerra.

- Como se pode entender o verso "Manolo não quis saber de posteridade"?
___
___
___

A Primeira Guerra Mundial também é conhecida como **Grande Guerra**. O conflito aconteceu na Europa e durou de julho de 1914 a novembro de 1918. Esse período belicoso foi marcado por duas alianças rivais: a Tríplice Aliança, formada por Alemanha, Itália e Império Austro-Húngaro, e a Tríplice Entente, formada por Reino Unido, França e Império Russo.

8 Releia o poema e responda às questões.

a) Na caracterização das pessoas que compõem o retrato, o eu lírico emprega qual tempo verbal?

_____
_____
_____

b) Qual é a razão dessa escolha?

_____
_____
_____
_____
_____
_____

9 Releia os versos finais do poema.

> Toda a família está no retrato.
> [...]
>
> Mesmo os que não quiseram ou não puderam
> comparecer
> estão ali, todos, nos trinques, fotografados.
> Seja de esguelha ou de estalo.
>
> Por isso
> é de lei
> nessa casa
> reverenciá-lo.

a) Nas últimas estrofes, o eu lírico afirma que toda a família está no retrato, "Mesmo os que não quiseram ou não puderam / comparecer". Explique esses versos, levando em conta o poema como um todo.

_____
_____
_____
_____
_____
_____

127

b) Agora compare os versos finais com a primeira estrofe do poema, reproduzida a seguir.

> Toda a família se espreme
> no retrato
> ao lado do oratório.

- Levando em conta esses versos e o poema como um todo, responda: segundo o eu lírico, quem deve ser reverenciado? Por quê?
_____
_____

c) Qual expressão da última estrofe se associa ao campo semântico de **oratório** na primeira estrofe?
_____
_____
_____

d) Na última estrofe, em comparação à primeira, observa-se uma ambiguidade. Identifique-a.
_____
_____
_____

e) Construa inferências: o que se pretende por meio da associação do campo semântico com a ambiguidade?
_____
_____
_____
_____

10 Em termos de estruturação sintática, nota-se que o poema é construído, essencialmente, por meio do uso de orações coordenadas. Que relação tem esse traço de construção sintática com o conteúdo textual?
_____
_____
_____
_____
_____
_____

Fotografia e memória

A fotografia, desde sua invenção no século XIX, tornou-se capaz de deixar marcados os momentos, as paisagens, as pessoas e os fatos históricos. Na atualidade, com o acesso facilitado ao registro fotográfico por meio dos aparelhos celulares, até mesmo cenas mais banais tornam-se imagem fotográfica, sendo rapidamente compartilhadas no universo digital.

A primeira fotografia reconhecida é de 1826. Naquela época, somente um profissional era capaz de tirar retratos, que precisavam ficar expostos à luz solar por pelo menos oito horas para ser revelados. Ao longo do tempo, novos processos e conceitos deram origem à fotografia como a conhecemos hoje. Ela começou a se popularizar somente a partir de 1888, quando a empresa Kodak lançou máquinas que não precisavam ser utilizadas por um fotógrafo profissional.

Imagem da primeira fotografia reconhecida, feita pelo francês Joseph Nicéphore Niépce em 1826.

Imagem da primeira fotografia colorida, tirada por James Clerk Maxwell em 1861.

Assim, há algumas décadas, tirar uma foto era um evento que reunia os familiares ou outros grupos sociais para fazer o registro para o futuro. As memórias evocadas nas fotografias giravam em torno não só dos personagens e das situações em evidência, mas também daquilo que a câmera não conseguia mostrar.

Por essa razão, a fotografia continua a ser uma fonte histórica. Diante de um porta-retratos, um álbum de fotos, ou mesmo das imagens salvas em celulares, computadores, tablets etc. somos convidados a rememorar e a contar histórias, construindo o passado, estabelecendo vínculos de identidade, entendendo quem somos e quem são aqueles que viveram antes de nós.

TEXTO 2

Antes de ler

1. Observe a estrutura do texto, o nome do autor e os dados do livro do qual ele foi tirado. Qual é o gênero textual dele?
2. Leia o título. Que efeito de sentido a conjunção **e** pode ter no contexto?

E Dona Sebastiana chorou

O nome dele era Nego. Digo, o apelido. Filho de Dona Sebastiana, mulher forte, nordestina, parideira, segundo a palavra que ela mesma usava, geradora e criadora de muitos filhos.

O cenário: o bairro da Brasilândia, na periferia de São Paulo, com suas ruas empoeiradas, que se enlameavam com a chuva, a ponto de uma delas ser curiosamente chamada de Rua do Sabão, não sei se por isso. Um lugar ocupado por gente vinda do Norte, como diziam eles, na verdade do Nordeste. Gente que construía sua casa em mutirões, que jogava bilhar no domingo de manhã, tomando cerveja desde cedo, cujos filhos jovens mexiam com as moças quando estavam em grupo, disfarçando a timidez, ao mesmo tempo que exibiam os cabelos cortados "americano" e cheios de gumex.

A época: o início dos anos 60.

Um lugar pobre, onde a maioria dos moradores não sabia o que eram palavras difíceis, como "cenário", por exemplo. Eu sabia.

Sabia porque lia muito. Brincava pouco. Quando brincava, me juntava aos colegas, muitos deles barra-pesada, mas que me preservavam. Entre eles Roberto, o sobrinho de Nego, daí minha ligação com a família. Eu, "pó de arroz" na vida, "café com leite" no futebol, metido com caras da pesada, sem no entanto me alinhar com eles.

Cabelo "estilo americano" dos anos de 1960

Na década de 1960, a moda entre os jovens era utilizar cabelo cortado ao estilo do cantor Elvis Presley e do ator John Travolta, ambos norte-americanos. O penteado era feito com muito gel (ou gumex) para deixar o cabelo certinho e evidenciar um topete.

O ator John Travolta ostentando seu topete com gel.

Dona Sebastiana mandava no Nego, nos outros irmãos. Aqueles homens **chucros** lhe obedeciam. Mas ela não fazia isso pelo caminho da braveza. Usava o amor. E esse era o único jeito de dominar aqueles alagoanos cabras da peste, loucos por bebida, briga, sempre armados de uma **peixeira**.

Era assim mesmo. Bebida, briga e peixeira. Drogas não. Os filhos de Dona Sebastiana só bebiam. E brigavam.

Todo fim de semana, terno branco, **brilhantina** no cabelo. Topete. Ou apenas camisa branca aberta no peito e calça escura, roupa de sair. E dá-lhe bar e festa. E briga talvez.

Esse foi o mundo que conheci criança. Escutando as histórias da vida. E lendo nos livros outras histórias muito complicadas para entender direito, que passavam por um universo distante daquela gente. Que afinal era a minha gente, embora eu não me identificasse com aquelas pessoas.

Esse foi o mundo que conheci, o tempo em que vivi minha infância. Um tempo em que mulher adulta só podia ser duas coisas: decente ou biscate. Sem meio-termo.

E foi com uma mulher do primeiro tipo que Nego se envolveu. Decente, até demais para ele. Que ajudava Dona Sebastiana aos domingos. Enforcar a galinha, preparar a **buchada do bode**, vendido sobre um balcão de madeira na feira, fazer o **baião de dois**.

O nome dela era Francisca. Mulher digna, filha de nordestinos também, gente honesta, capaz de devolver um dinheiro achado na rua e de pagar até o último tostão qualquer dívida que fizesse.

Já Nego era safado. Saía com outras mulheres. Dizia que Francisca era para casar. E consequentemente as outras eram para todas as outras coisas. Falava isso no bar, antes de jogar uma dose para o "santo", sujando o balcão. Com tanta empáfia e tanta exposição, Nego tinha inimigos, desafetos. Coisa de quem se acha o bom. Ou precisa afirmar isso a si mesmo. Dona Sebastiana lhe pedia sempre para não arrumar encrenca. Nego não concebia a vida sem encrenca.

Nesse cenário, a tragédia não podia demorar. Aconteceu, até mais cedo do que o esperado.

131

Eu assisti a ela sob um ângulo único. Não vi a cena como quem olha da plateia. Ela me veio pelos momentos que se lhe seguiram. Os quais presenciei de um ponto de vista privilegiado, bem próximo ao ator principal.

Tento contar aqui.

Sábado à noite, festa de São João na casa de Dona Sebastiana. Fogueira, forró, batata-doce. Os três santos no mastro. As simpatias das moças, que sonhavam com namorados e maridos futuros. A sanfona tocando. A molecada correndo para lá e para cá, fazendo algazarra. De repente, entra Nego, esbaforido. No rosto moreno, quase de índio, o suor a escorrer. Ele passa por mim. Estou sentado num banquinho, bem perto do chão. Do meu ângulo, vejo sua perna. Uma incisão, bem profunda, na canela, através da calça de linho branco. O buraco. Dava para ver a carne e o osso. Pouco sangue escorrendo. Eu nunca tinha visto. Meu desejo era ficar ali, se pudesse, examinando o que era tão novo para mim, uma aula de anatomia fora de hora. Mas, como eu disse, ele passou. Foi rápido em direção à mãe. No quarto. Não deu para ouvir direito o que diziam. Falavam alto, mas havia a música. Desespero.

Só ouvi ele dizendo: "Mãe, matei um homem". Aquela frase, jogada ali nos meus ouvidos. Sim, eu já havia lido frases sobre mortes, nos romances. Mas ouvi-la, de repente, naquele momento... a sensação era muito diferente. Uma coisa gelada nos meus ouvidos. Um gelo que queimava.

Logo depois, Nego saindo, dizendo para Dona Sebastiana, que o seguia até o portão: "Mãe, se eu for preso, a senhora vai me ver?" "Vou, filho. Vai embora agora. Corre".

Foi isso o que vi e ouvi.

A verdade toda soube depois. Uma briga num bar. Nego se gabando de sua mulher perfeita, feita pra casar. Até que alguém falara a palavra biscate. A peixeira sobre o balcão. Num relance, ela estava nas mãos de Nego. O outro tentou revidar, mas o máximo que conseguiu foi atingi-lo com um punhal na canela. Daí o golpe tão cirúrgico que vi. Já Nego, impelido pela raiva, pela dor física e pela cachaça, hesitou menos e foi até o fim. Cinco facadas.

Aquele dia, posso dizer, foi o momento em que a vida de Nego divergiu para sempre da minha. Ele ficou dezoito anos na prisão. Ali, como me contaram, conheceu o pior dos mundos, a luta pela sobrevivência, o mergulho nas drogas. Quanto a mim, pude ver que minha sina seria a de contar histórias, pois, depois do que vi acontecer com Nego, senti que não poderia guardar dentro de mim eventos como aquele sem recontá-los, nem que fosse modificando-os, recriando-os de um jeito ou de outro, pois aquelas histórias reais, e outras que brotavam dentro de mim, eram como uma enchente. E, por não poder guardá-las, eu teria de reencená-las, reconstruir mundos e deixar que criassem vida para além de mim, perdidas, soltas e rebeldes, ou o que quer que quisessem ser. De certa forma, as palavras foram a minha droga.

Quando Nego saiu da prisão, morreu dias depois. Eu me lembro de tê-lo visto ainda durante o pouco tempo que viveu. Uma vez, de relance, no bar. Pensei em ir conversar com ele, mas tive medo de que a história que eu construíra em minha cabeça sobre ele e sobre o crime se perdesse de repente, que seu impacto fosse quebrado pelo conhecimento dos detalhes da realidade, algo que não interessava à minha alma criadora de escritor.

Disseram que sua morte fora acidente. Eu suspeito que foi um acerto de contas, alguma dívida antiga dos tempos de prisão ou possivelmente uma queima de arquivo.

Mas, em vez de correr atrás desses detalhes, preferi olhar para Dona Sebastiana. Mesmo com o sofrimento de uma vida inteira, ela se mantivera íntegra o tempo todo. E assim sendo, ela havia passado uma lição silenciosa para mim, um aprendizado. Eu nunca tive coragem de falar com ela sobre o crime, mas aprendi com sua postura sempre firme, que mantinha a ordem familiar apesar de seu drama, que perdurou a vida inteira.

Uma vez, no entanto, quando eu tocava violão com Roberto na sala de estar da casa dela, pude vê-la, pela porta entreaberta do quarto, olhando a foto do filho morto. Naquele momento, pela primeira e única vez na vida, eu a vi chorando. Um choro silencioso. O choro dos gigantes e das estátuas. Um choro mais firme que as montanhas, um choro mais firme do que o mundo inteiro.

Frank de Oliveira. E Dona Sebastiana chorou. *In*: Frank de Oliveira. *Contos arcanos*. Lisboa: Chiado, 2015. p. 19-23.

Glossário

baião de dois: prato típico da Região Nordeste do Brasil.
bilhar: o mesmo que sinuca, um tipo de jogo.
brilhantina: cosmético para dar brilho e assentar cabelo e barba.
buchada do bode: prato típico do Nordeste do Brasil.
chucro: (gíria) pessoa sem instrução, indelicada, grosseira.
gumex: substância líquida ou pastosa, usada para fixar os cabelos.
parideira: termo que designa mulher que tem muitos filhos.
peixeira: faca grande utilizada como arma.

Quem é o autor?

Frank de Oliveira formou-se jornalista pela Universidade de São Paulo (USP) e é pós-graduado em Formação de Escritores pelo Instituto Vera Cruz. Editor e tradutor, colabora em grandes empresas do eixo Rio de Janeiro-São Paulo e da Europa. É coautor do premiado musical de teatro infantil *O dia em que o medo virou música* e autor dos livros *Contos arcanos* e *Pequenos encontros com Deus*.

Interagindo com o conto psicológico

1. Leia novamente o trecho a seguir.

> O nome dele era Nego. Digo, o apelido. Filho de Dona Sebastiana, mulher forte, nordestina, parideira, segundo a palavra que ela mesma usava, geradora e criadora de muitos filhos.
>
> O cenário: o bairro da Brasilândia, na periferia de São Paulo [...].
>
> A época: o início dos anos 60.
>
> Um lugar pobre, onde a maioria dos moradores não sabia o que eram palavras difíceis, como "cenário", por exemplo. Eu sabia.
>
> [...]
>
> Dona Sebastiana mandava no Nego, nos outros irmãos. Aqueles homens chucros lhe obedeciam. Mas ela não fazia isso pelo caminho da braveza. Usava o amor. E esse era o único jeito de dominar aqueles alagoanos cabras da peste, loucos por bebida, briga, sempre armados de uma peixeira.

a) Quem são os personagens principais?
_____

b) Identifique o tempo e o espaço da narrativa. Justifique sua resposta com um trecho do conto.
_____
_____
_____

> Em uma narrativa, o **tempo** e o **espaço** podem ser indicados de modo direto ou ficar subentendidos. No caso do conto, as ações se passam em um lugar restrito e em um período curto de tempo.

2. Vamos recordar? Leia, no boxe abaixo, as definições dos tipos de narrador.

> **Narrador-personagem:** narra a história e também participa dela como personagem (foco narrativo na primeira pessoa).
>
> **Narrador-observador:** narra a história, mas não é um dos personagens do texto; ele atribui ações aos personagens e conta a história como se fosse alguém que observa tudo o que se passa (foco narrativo na terceira pessoa).
>
> **Narrador onisciente:** narra a história observando e contando os fatos; conhece o que os personagens pensam, sentem, sabem e expõe tudo isso ao leitor (foco narrativo na terceira pessoa).

Fabio Eugênio

134

a) Qual é o tipo de narrador do conto?

_____

_____

b) Copie do texto marcas linguísticas que justifiquem sua resposta anterior.

_____

_____

_____

c) O narrador apenas conta o que acontece ou também manifesta suas reflexões sobre o que acontece ao redor?

_____

_____

_____

3 Releia o segundo parágrafo do conto observando o traço descritivo do texto.

> O cenário: o bairro da Brasilândia, na periferia de São Paulo, com suas ruas empoeiradas, que se enlameavam com a chuva, a ponto de uma delas ser curiosamente chamada de Rua do Sabão, não sei se por isso. Um lugar ocupado por gente vinda do Norte, como diziam eles, na verdade do Nordeste. Gente que construía sua casa em mutirões, que jogava bilhar no domingo de manhã, tomando cerveja desde cedo, cujos filhos jovens mexiam com as moças quando estavam em grupo, disfarçando a timidez, ao mesmo tempo que exibiam os cabelos cortados "americano" e cheios de gumex.

a) O olhar do narrador é objetivo ou subjetivo? Justifique sua resposta.

_____

_____

_____

_____

b) De que modo essa visão do narrador influencia o processo de leitura e entendimento do texto?

_____

_____

_____

Objetividade remete à ideia de perceber de maneira mais direta e literal.

Subjetividade é o contrário de objetividade: faz referência a um olhar pessoal, voltado para o sujeito (ou seja, para quem fala), que manifesta o ponto de vista pessoal em relação a alguma coisa.

4 Releia o trecho e observe as expressões em negrito.

> Eu, **"pó de arroz"** na vida, **"café com leite"** no futebol, metido com caras da pesada, sem no entanto me alinhar com eles.

a) Realize uma pesquisa em *sites*, livros e com adultos da sua família e explique o significado das expressões destacadas.

___
___
___
___

b) Com base no sentido dessas expressões, explique como o narrador se vê e é visto na história. Transcreva um trecho do conto que justifique sua resposta.

___
___
___
___
___
___

> Denomina-se **conflito** uma situação-problema que, normalmente, cria tensão na narrativa e contrasta com a situação inicialmente apresentada. A partir do conflito, sucedem os fatos que levarão ao clímax – o momento de maior tensão no texto – e ao desfecho.

5 Qual dos trechos a seguir identifica o **conflito** da narrativa?

a) > E foi com uma mulher do primeiro tipo que Nego se envolveu. Decente, até demais para ele.

b) > Sábado à noite, festa de São João na casa de Dona Sebastiana. Fogueira, forró, batata-doce.

c) > Uma briga num bar. Nego se gabando de sua mulher perfeita, feita pra casar. Até que alguém falara a palavra biscate.

d) > Aquele dia, posso dizer, foi o momento em que a vida de Nego divergiu para sempre da minha.

e) > Todo fim de semana, terno branco, brilhantina no cabelo. Topete. Ou apenas camisa branca aberta no peito e calça escura, roupa de sair.

6 Leia novamente o trecho abaixo.

> Esse foi o mundo que conheci criança. Escutando as histórias da vida. E lendo nos livros outras histórias muito complicadas para entender direito, que passavam por um universo distante daquela gente. Que afinal era a minha gente, embora eu não me identificasse com aquelas pessoas.
>
> [...]
>
> Tento contar aqui.
>
> Sábado à noite, festa de São João na casa de Dona Sebastiana. Fogueira, forró, batata-doce.

- Agora leia as explicações sobre a organização do tempo nas narrativas e caracterize a forma de percepção do tempo no conto lido.

Tempo cronológico: os fatos são narrados de acordo com a passagem natural do tempo, na sequência em que ocorrem ou ocorreram.

Tempo psicológico: diferentemente do tempo cronológico, os fatos são narrados de acordo com os sentimentos e as reflexões do narrador ou dos personagens.

_____
_____

7 O texto "E Dona Sebastiana chorou" é um:
a) conto de terror, porque conta um caso assustador e perigoso.
b) conto de humor, pois narra uma história engraçada, que tem como objetivo divertir o leitor.
c) conto psicológico, já que o narrador manifesta reflexões pessoais na medida em que narra a história.
d) conto didático, uma vez que o objetivo principal é transmitir um ensinamento.

8 Leia novamente.

> Eu nunca tive coragem de falar com ela sobre o crime, mas aprendi com sua postura sempre firme, **que mantinha a ordem familiar apesar de seu drama**, que perdurou a vida inteira.

- O trecho destacado apresenta:
a) metáfora, pelo duplo sentido da palavra **drama**.
b) antítese, pelo contraste entre **ordem familiar** e **drama**.
c) prosopopeia, pela personificação de algo inanimado.
d) metonímia, pela substituição do todo pela parte.

137

9 Releia um trecho do desfecho do conto.

> Naquele momento, pela primeira e única vez na vida, eu a vi chorando. Um choro silencioso. O choro dos gigantes e das estátuas. Um choro mais firme que as montanhas, um choro mais firme do que o mundo inteiro.

a) Explique a imagem criada sobre o choro de Dona Sebastiana.

_____
_____
_____

b) Relacione essa imagem da personagem ao título e à introdução do conto. Transcreva trechos que comprovem sua resposta.

_____
_____
_____
_____

> O **conto** é uma narrativa curta, com poucos personagens e enredo com número reduzido de ações. Quando a narração é conduzida pelo fluxo de pensamento do narrador, que expressa reflexões íntimas, o texto é denominado **conto psicológico**.

10 Releia mais um trecho da história.

> A verdade toda soube depois. Uma briga num bar. Nego se gabando de sua mulher perfeita, feita pra casar. Até que alguém falara a palavra biscate. A peixeira sobre o balcão. Num relance, ela estava nas mãos de Nego. O outro tentou revidar, mas o máximo que conseguiu foi atingi-lo com um punhal na canela. Daí o golpe tão cirúrgico que vi. Já Nego, impelido pela raiva, pela dor física e pela cachaça, hesitou menos e foi até o fim. Cinco facadas.

- Nesse parágrafo, predomina a sequência de frases curtas. Que efeito de sentido essa forma de organização textual cria?

_____
_____
_____
_____

11 No conto, fica evidente a ==metalinguagem==. Releia o trecho a seguir.

> Quanto a mim, pude ver que minha sina seria a de contar histórias, pois, depois do que vi acontecer com Nego, senti que não poderia guardar dentro de mim eventos como aquele sem recontá-los, nem que fosse modificando-os, recriando-os de um jeito ou de outro, pois aquelas histórias reais, e outras que brotavam dentro de mim, eram como uma enchente. E, por não poder guardá-las, eu teria de reencená-las, reconstruir mundos e deixar que criassem vida para além de mim, perdidas, soltas e rebeldes, ou o que quer que quisessem ser.

> A **metalinguagem** ocorre quando um texto remete a si mesmo, como um poema que reflete sobre o fazer poético ou um contista que indaga sobre seu próprio processo de criação.

a) Explique a metalinguagem nesse trecho.

_____
_____
_____

b) Transcreva do texto outro trecho que seja exemplo de metalinguagem.

_____
_____
_____
_____
_____
_____

12 Releia mais um trecho da história.

> Só ouvi ele dizendo: "Mãe, matei um homem". Aquela frase, jogada ali nos meus ouvidos. Sim, eu já havia lido frases sobre mortes, nos romances. Mas ouvi-la, de repente, naquele momento... a sensação era muito diferente. **Uma coisa gelada nos meus ouvidos. Um gelo que queimava.**

- Explique o emprego da linguagem conotativa no trecho destacado.

_____
_____
_____
_____
_____
_____

Língua e linguagem

Relações semânticas

Entender as relações de sentido estabelecidas pelas conjunções – ou pelas que ficam subentendidas entre as orações – é fundamental para o desenvolvimento da leitura e da escrita. O objetivo das atividades a seguir é dar destaque a essas relações. Mas atenção: é importante que essas relações semânticas façam parte de seu cotidiano como leitor e escritor. Mãos à obra!

> As orações coordenadas podem estabelecer entre si relação de **adição**, **alternância**, **conclusão**, **explicação** ou **oposição**.

1) Identifique a relação de sentido estabelecida pelas conjunções destacadas. Em seguida, reescreva os trechos substituindo essas conjunções por outras, sem alterar o sentido do texto.

a) "Sabia **porque** lia muito."

b) "Todo fim de semana, terno branco, brilhantina no cabelo. Topete. **Ou** apenas camisa branca aberta no peito e calça escura, roupa de sair."

c) "Foi isso o que vi **e** ouvi."

d) "Não deu para ouvir direito o que diziam. Falavam alto, **mas** havia a música."

e) "E, **por** não poder guardá-las, eu teria de reencená-las, reconstruir mundos e deixar que criassem vida para além de mim, perdidas, soltas e rebeldes, ou o que quer que quisessem ser."

> As orações subordinadas adverbiais estabelecem entre si relação de **causa**, **comparação**, **concessão**, **condição**, **conformidade**, **consequência**, **finalidade**, **proporcionalidade** ou **temporalidade**.

2) Identifique a relação de sentido estabelecida pelas conjunções destacadas. Em seguida, reescreva os trechos, substituindo essas conjunções por outras, sem alterar o sentido do texto.

a) "Um lugar ocupado por gente vinda do Norte, **como** diziam eles, na verdade do Nordeste."

b) "Que afinal era a minha gente, **embora** eu não me identificasse com aquelas pessoas."

___
___
___

c) "Nesse cenário, a tragédia não podia demorar. Aconteceu, até **mais** cedo **do que** o esperado."

___
___
___

d) "Meu desejo era ficar ali, **se** pudesse, examinando o que era tão novo para mim, uma aula de anatomia fora de hora."

___
___
___

e) "**Quando** Nego saiu da prisão, morreu dias depois."

___
___
___

3 Em "**E** dá-lhe bar e festa. **E** briga talvez", que efeito de sentido é criado pela repetição da conjunção?

___
___

4 Leia novamente o trecho a seguir, observando a sequência de orações. Nele, predominam as orações coordenadas e as frases nominais. Por quê? Que efeito de sentido essa forma de construção do parágrafo provoca?

> De repente, entra Nego, esbaforido. No rosto moreno, quase de índio, o suor a escorrer. Ele passa por mim. Estou sentado num banquinho, bem perto do chão. Do meu ângulo, vejo sua perna. Uma incisão, bem profunda, na canela, através da calça de linho branco. O buraco. Dava para ver a carne e o osso. Pouco sangue escorrendo. Eu nunca tinha visto. […] Mas, como eu disse, ele passou. Foi rápido em direção à mãe. No quarto. […] Desespero.

___
___
___

Vamos comparar?

Poema e conto psicológico

1 Compare o poema ao conto.

a) Pela forma de organização dos textos, o que essencialmente os diferencia?

b) Os textos estudados nesta unidade se aproximam pela subjetividade. Explique essa característica.

2 Leia o mapa mental a seguir. Você pode consultá-lo sempre que quiser relembrar os elementos principais dos gêneros **Poema** e **Conto psicológico**.

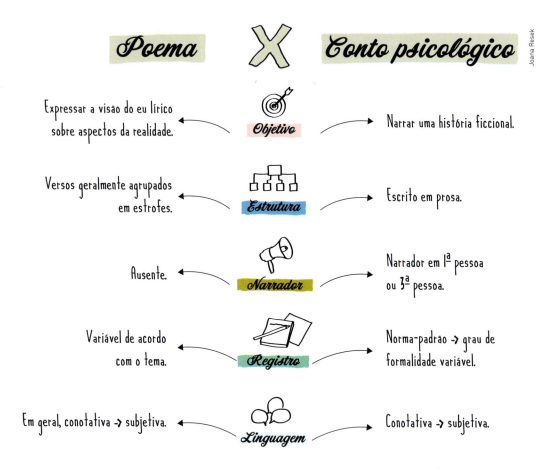

3 Para compreender melhor a relação entre os gêneros textuais estudados nesta unidade, bem como a tipologia e o campo de atuação a que pertencem, complete o quadro a seguir com o título e o gênero dos textos, de acordo com o objetivo comunicativo deles, ou seja, o objetivo principal para o qual foram escritos. Observe os ícones que acompanham os textos, indicando o campo de atuação a que pertencem.

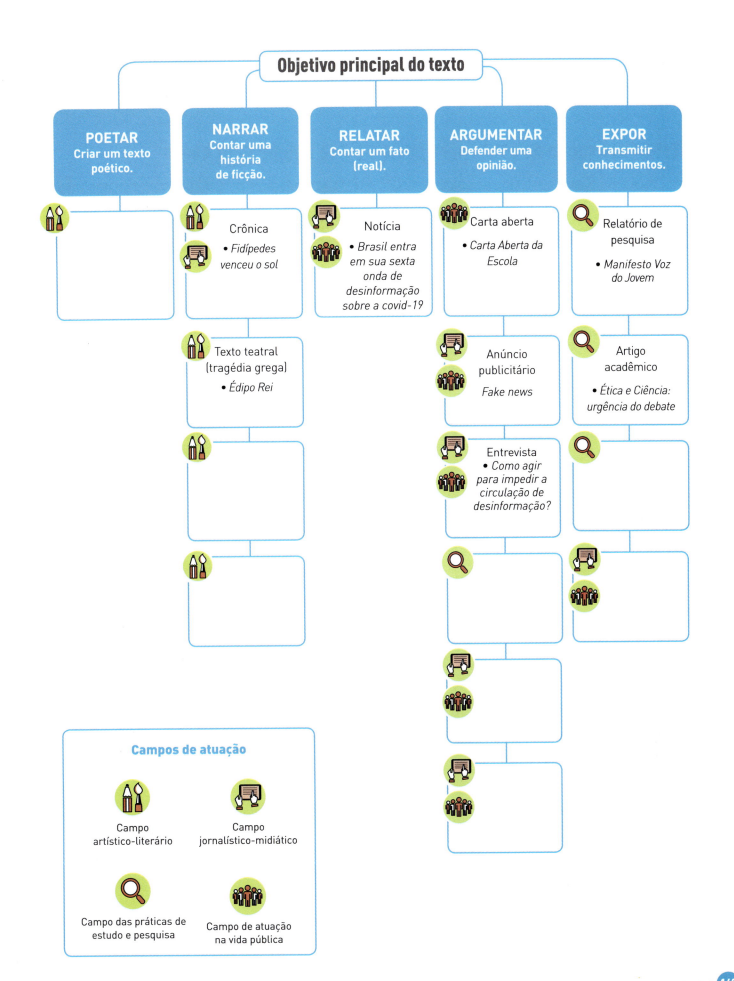

Oficina de produção escrita

Retextualização de conto para poema ou de poema para conto

Você conheceu dois textos da esfera artístico-literária, o poema e o conto psicológico. Mas você já pensou que um conto pode servir de base para um poema e que um poema pode inspirar a criação de um conto?

A seguir, vamos ver um exemplo desse processo. Depois, você e um colega vão criar um conto a partir de um poema ou um poema baseando-se em um conto. Os textos elaborados servirão de base para a organização de um *vlog* cultural.

CONHECER

1. A **retextualização** acontece quando um texto, escrito originalmente no formato de um gênero, é adaptado para o formato de outro. Para compreender esse processo escute a canção "Sobradinho", de Sá e Guarabyra, e atente-se para os recursos utilizados na composição. Depois, leia a notícia de jornal a seguir.

> ### Atingidos pela construção da barragem de Sobradinho reclamam reparação
>
> Will Shutter/Câmara dos Deputados
>
> Representantes das 72 mil pessoas deslocadas compulsoriamente para a construção do lago de Sobradinho, na Bahia, reclamam reparação pelas perdas com a desapropriação de suas propriedades. O lago atende a usina hidrelétrica de Sobradinho. Concluído há 40 anos, cobre uma área de 4.214 km². Para sua construção, 26 mil propriedades foram desapropriadas.

Carla Alessandra. Atingidos pela construção da barragem de Sobradinho reclamam reparação. *Agência Câmara de Notícias*, Brasília, DF, 11 dez. 2018. Disponível em: https://www.camara.leg.br/noticias/549657-atingidos-pela-construcao-a-barragem-de-sobradinho-reclamam-reparacao/. Acesso em: 6 maio 2020.

Compare a letra da canção com a notícia.
- Qual é o tema da canção e da reportagem?
- De que maneira o tema é trabalhado na canção? De maneira poética, subjetiva ou objetiva e impessoal?
- Qual é a relação entre o gênero textual utilizado e o objetivo do texto?
- Que imagem poética é construída na canção e revela o temor do eu poético?
- Há imagens poéticas na notícia de jornal?

PLANEJAR

2. A produção será feita em dupla. Para a elaboração do texto, escolham um poema ou um conto de que vocês gostem. Realizem pesquisas na biblioteca e na internet.
3. Elaborem um rascunho do texto, pensando nos aspectos a seguir.

Se a retextualização for de conto para poema
- Como a narração será adaptada para versos e estrofes?
- Como o tempo e o espaço da narrativa serão representados? Como a voz do narrador vai se transformar na voz do eu lírico?

- Como os personagens serão representados de modo subjetivo?
- Como construir rimas e dar ritmo e sonoridade aos versos?

Se a retextualização for de poema para conto
- Como os versos serão adaptados para prosa?
- Como representar o tempo e o espaço na narrativa?
- Como a voz do eu lírico vai se transformar na voz do narrador?
- Como os personagens serão criados ou incluídos?
- Como será organizada a sequência de ações?

PRODUZIR

4. No caso do poema, a linguagem deve ser subjetiva, expressando emoções e sentimentos por meio de versos organizados em estrofes. Pode haver ou não rimas no final de cada verso, mas deve haver sonoridade e ritmo.
5. No caso do conto, caracterizem os personagens, situando as ações deles em um tempo e lugar. Decidam se a história será contada por um narrador-personagem ou um narrador-observador. Indiquem qual será o clímax da narrativa, ou seja, o ponto alto da história, com um conflito, e como esse conflito será resolvido, levando a um desfecho.
6. O registro de linguagem deve ser adequado ao tema, com grau de formalidade variável.

REVISAR

7. Troquem o texto com outra dupla e verifiquem os aspectos a seguir.

   No caso da adaptação de conto para poema
   - A narração foi transformada em versos e estrofes?
   - O poema tem marcas de subjetividade e expressão de sentimentos?
   - A voz do poema, o eu lírico, está presente?
   - Há rima, ritmo e sonoridade nos versos?

   No caso da adaptação de poema para conto
   - O texto está escrito em prosa?
   - O tempo e o espaço podem ser identificados?
   - De que tipo é o narrador?
   - Os personagens estão caracterizados de modo claro?

8. Com base nos apontamentos dos colegas, façam as adequações necessárias ao texto e entreguem a versão final ao professor. Fiquem atentos às sugestões que ele fará.

COMPARTILHAR

9. Os contos e os poemas elaborados servirão de base para a produção de um *vlog* cultural, mas a turma também pode reunir os textos e publicá-los no *blog* da turma ou no *site* da escola.

Oficina de produção multimodal

Vlog literário

A compreensão de poemas, contos, crônicas, romances, entre tantas outras produções, demanda de nós um envolvimento com o texto que nos torna mais atentos a fatores diversos acionados pela leitura.

Já pensou em compartilhar as leituras literárias que você fez ou faz? Que tal selecionar alguns poemas marcantes para você, estudá-los e compartilhar suas impressões de leitura? A proposta é que você e três colegas se reúnam para produzir um *vlog* literário para comentar poemas.

CONHECER

1. *Vlog* é a abreviatura de videoblogue, uma forma de *weblog* cujo conteúdo essencial são os vídeos. A estrutura do *vlog* é semelhante à dos *blogs*, os quais são marcados por atualizações frequentes e com conteúdo personalizado. Uma ou mais pessoas podem se responsabilizar pelos *vlogs*. Os vídeos produzidos são carregados por *streaming*, sem a necessidade de *download* dos arquivos.
2. Os *sites* especializados em publicar vídeos, como YouTube, Vimeo, DailyMotion, Vevo, Viddler, entre outros, oferecem a possibilidade de divulgação dos conteúdos elaborados. Os vídeos podem ser produzidos por meio de câmeras de celulares ou outros dispositivos de gravação de imagens, como as câmeras dos computadores e as convencionais.

PLANEJAR

3. A matéria-prima do *vlog* que vocês vão produzir é a leitura de poemas. Elejam um(a) poeta para analisar e selecionem textos dele(a) para análise. Desses poemas lidos, escolham aqueles que vão compor a gravação.
4. Pesquisem aspectos da obra escolhida. Analisem os aspectos de forma, conteúdo, contexto, identidade do(a) escritor(a) etc. e também os aspectos linguísticos, associando-os à proposta evidente no poema.
5. Elaborem, com base nos textos selecionados, um roteiro para a gravação do *vlog*: Qual será a duração do vídeo? E o público-alvo? Como será a introdução? Quais aspectos do(a) poeta é importante mencionar? Qual será a ordem de apresentação dos comentários sobre os poemas? O que se pode comentar sobre eles? Será usado algum recurso, como animações, ilustrações, gráficos, anotações em uma folha etc.? Como a gravação será encerrada? Listem passo a passo o que vão fazer.
6. Dividam as tarefas para a produção do vídeo. Quem fará as pesquisas para fundamentar o conteúdo? Quem se responsabilizará pelos aspectos técnicos da gravação e da edição? Quem apresentará o *vlog*? Quem vai preparar a publicação do *vlog* literário?
7. Escolham um lugar silencioso e bem iluminado para a gravação ou produzam um cenário (real ou virtual).

PRODUZIR

8. É hora de gravar. Lembrem-se de que o *vlog* literário é um comentário pessoal. A linguagem espontânea e próxima do público-alvo, valendo-se de marcas discursivas da internet, é muito bem-vinda. O apresentador precisa dominar o texto, preferencialmente olhando para a câmera durante a gravação. Isso pode ser feito com o auxílio de um *teleprompter* (há aplicativos que ajudam nisso).

9. Atenção ao ritmo da fala. Ele precisa ser o mais natural e espontâneo possível, isto é, nem muito devagar, nem muito acelerado. Lembrem-se da importância da boa articulação e do volume adequado para que a qualidade do som seja boa.

10. Após a gravação, editem o vídeo. Isso pode ser feito utilizando programas gratuitos. Vinheta de abertura, trilha sonora, efeitos e demais recursos podem ser acrescentados para aprimorar a qualidade do *vlog*.

> O *teleprompter* é usado em gravações jornalísticas e em discursos de autoridades. Geralmente, fica acoplado à câmera, mostrando o texto à medida que este é lido.

REVISAR

11. Apresentem o vídeo produzido aos colegas e ao professor. A ideia é analisar a qualidade do trabalho, verificando se há necessidade de ajustes: O registro linguístico está adequado? As análises são coerentes? Os recursos empregados estão adequados? A edição do vídeo está bem-feita, valorizando o projeto?

12. Conversem com os outros grupos e comparem os projetos. Mostre-o também ao professor. Depois, com base nas observações dos colegas e do professor, preparem a versão final.

COMPARTILHAR

13. Os vídeos finalizados poderão ser postados no canal criado pela turma, no *blog* da turma ou no *site* da escola.

Conheça

Coleção particular

Música
- *No retrato*, poema de Iacyr Freitas e música de Luisinho Lopes. 2014. Disponível em: https://www.youtube.com/watch?v=rWggeMGXSrg.

Blogs/Podcasts
- Café com poesia. Disponível em: https://open.spotify.com/show/7dLioc4NlTIF5QqPQSVy8Y?si=yK4l8OZCQEqpGGKmybLizQ.
- Poeme-se. Disponível em: https://blog.poemese.com/.
- Poesia pros ouvidos. Disponível em: https://open.spotify.com/show/1wu4TVARodVy1aYcBkRTo4?si=rY2IXYiUQl25eFKLxac6xA.
- Rádio Poeta – *podcasts* literários. Disponível em: https://radiopoeta.wordpress.com/.

(Acessos em: 3 maio 2020.)

UNIDADE 6

A literatura é uma arte!

Quem conta um conto... aumenta um ponto.

Isso quer dizer que quem conta uma história geralmente exagera um pouquinho... Mas será que isso é verdade?

Nós, seres humanos, somos, por natureza, contadores de histórias. Narrar acontecimentos, sejam eles vivenciados ou imaginados, é uma forma de registrar nossas vidas e expressar nossa visão de mundo. Contamos histórias oralmente nas nossas interações diárias. Escrevemos histórias para registrá-las e torná-las acessíveis a um número cada vez maior de pessoas. Com os meios digitais, como *audiobooks* e *podcasts*, podemos conhecer inúmeras narrativas, viajar para outros mundos e conhecer outras gentes e outros modos de viver.

A literatura é como uma máquina que nos transporta para outras realidades. Nesta unidade, você lerá contos escritos por dois escritores brasileiros geniais. Boa viagem!

> **Observe a imagem de abertura e converse com os colegas.**
> - Descreva detalhadamente os elementos da imagem.
> - Qual é a importância da contação de histórias para a humanidade?
> - Você gosta de ouvir histórias? E de contá-las?

O que você vai estudar?
Gêneros
- Conto de humor
- Conto fantástico

Língua e linguagem
- Processos de formação de palavras

O que você vai produzir?
Oficina de produção
- Conto (escrita)
- Audiolivro (oral)

O contador de histórias Jonas Samaúma em uma apresentação. Sorocaba (SP), 2020.

TEXTO 1

 **Antes de ler**

1 Quem é o autor do texto? O que você sabe sobre ele?
2 Leia o título e os dados da fonte do texto. Em relação ao gênero, o que você acha que vai ler agora? Justifique sua opinião.

As palavras **você** e **vossemecê** provêm da evolução do som de **vossa mercê**. Observe: vossa mercê > vossemecê > voss'mecê > vomecê > vom'cê > vômcê > você. **Você** é uma forma de tratamento utilizada informalmente hoje em dia. Já **vossemecê** era utilizada antigamente, em sinal de respeito e estima.

O olho torto de Alexandre

— Esse caso que vossemecê escorreu é uma beleza, seu Alexandre — opinou seu Libório. — E eu fiquei pensando em fazer dele uma cantiga para cantar na viola.

— Boa ideia — concordou o cego preto Firmino. — Era o que Seu Libório devia fazer, que tem cadência e sabe o negócio. Mas aí, se me dão licença... Não é por querer falar mal, não senhor.

— Diga, Seu Firmino, convidou Alexandre.

— Pois é — tornou o cego. — Vossemecê não se ofenda, eu não gosto de ofender ninguém. Mas nasci com o coração perto da goela. Tenho culpa de ter nascido assim? Quando acerto num caminho, vou até topar.

— Destampe logo, Seu Firmino — resmungou Alexandre enjoado. — Para que essas nove-horas?

— Então, como o dono da casa manda, lá vai tempo. Essa história da onça era diferente a semana passada. Seu Alexandre já montou na onça três vezes, e no princípio não falou no espinheiro.

Alexandre indignou-se, engasgou-se, e quando tomou fôlego, desejou torcer o pescoço do negro:

— Seu Firmino, eu moro nesta ribeira há um bando de anos, todo o mundo me conhece, e nunca ninguém pôs em dúvida a minha palavra.

— Não se aperreie não, Seu Alexandre. É que há umas novidades na conversa. A moita de espinho apareceu agora.

— Mas, Seu Firmino — replicou Alexandre —, é exatamente o espinheiro que tem importância. Como é que eu me iria esquecer do espinheiro? A onça não vale nada, Seu Firmino, a onça é coisa à toa. Onças de bom gênio há muitas. O senhor nunca viu? Ah! Desculpe, nem me lembrava de que o senhor não enxerga. Pois nos circos há onças bem ensinadas, foi o que me garantiu meu mano mais novo, homem sabido, tão sabido que chegou a tenente de polícia. Acho até que as onças todas seriam mansas como carneiros, se a gente tomasse o trabalho de botar os arreios nelas. Vossemecê pensa de outra forma? Então sabe mais que meu irmão tenente, pessoa que viajou nas cidades grandes.

Cesária manifestou-se:

— A opinião de Seu Firmino mostra que ele não é traquejado. Quando a gente conta um caso, conta o principal, não vai esmiuçar tudo.

— Certamente — concordou Alexandre. — Mas o espinheiro eu não esqueci. Como é que havia de esquecer o espinheiro, uma coisa que influiu tanto na minha vida?

Aí Alexandre, magoado com a objeção do negro, declarou aos amigos que ia calar-se. Detestava exageros, só dizia o que se tinha passado, mas como na sala havia quem duvidasse dele, metia a viola no saco. Mestre Gaudêncio Curandeiro e Seu Libório Cantador procuraram com bons modos resolver a questão, juraram que a palavra de Seu Alexandre era uma escritura, e o cego preto Firmino desculpou-se rosnando.

— Conte, meu padrinho — rogou Das Dores.

Alexandre resistiu meia hora, cheio de melindres, e voltou às boas.

— Está bem, está bem. Como os amigos insistem...

Cesária levantou-se, foi buscar uma garrafa de cachimbo e uma xícara. Beberam todos, Alexandre se desanuviou e falou assim:

— Acabou-se. Vou dizer aos amigos como arranjei este defeito no olho. E aí Seu Firmino há de ver que eu não podia esquecer o espinheiro, está ouvindo? Prestem atenção, para não me virem com perguntas e razões como as de Seu Firmino. Ora muito bem. Naquele dia, quando o pessoal lá de casa cobrou a fala, depois do susto que a onça tinha causado à gente, meu pai reparou em mim e botou as mãos na cabeça: "Valha-me, Nossa Senhora. Que foi que lhe aconteceu, Xandu?" Fiquei meio besta, sem entender o que ele queria dizer, mas logo percebi que todos se espantavam. Devia ser por causa da minha roupa, que estava uma lástima, completamente esmolambada. Imaginem. Voar pela capoeira no escuro, trepado naquele demônio. Mas a admiração de meu pai não era por causa da roupa, não. "Que é que você tem na cara, Xandu?" — perguntou ele agoniado. Meu irmão tenente (que naquele tempo ainda não era tenente) me trouxe um espelho. Uma desgraça, meus amigos, nem queiram saber. Antes de me espiar no vidro, tive uma surpresa: notei que só distinguia metade das pessoas e das coisas. Era extraordinário. Minha mãe estava diante de mim, e, por mais que me esforçasse, eu não conseguia ver todo o corpo dela. Meu irmão me aparecia com um braço e uma perna, e o espelho que me entregou estava partido pelo meio, era um pedaço de espelho. "Que trapalhada será esta?" — disse comigo. E nada de atinar com a explicação. Quando me vi no caco de vidro é que percebi o negócio. Estava com o focinho em miséria: arranhado, lanhado, cortado, e o pior é que o olho esquerdo tinha levado sumiço. A princípio não abarquei o tamanho do desastre, porque só avistava uma banda do rosto. Mas virando o espelho, via o outro lado, enquanto o primeiro se sumia. Tinha perdido o olho esquerdo, e era por isso que enxergava as coisas incompletas. Baixei a cabeça, triste, assuntando na infelicidade e procurando um jeito de me curar. Não havia curandeiro nem rezador que me endireitasse, pois mezinha e reza servem pouco a uma criatura sem olho, não é verdade, Seu Gaudêncio? Minha família começou a fazer perguntas, mas eu estava zonzo, sem vontade de conversar, e saí dali, fui-me encostar num canto da cerca do curral. Com a ligeireza da carreira, nem tinha

sentido as esfoladuras e o golpe medonho. Como é que eu podia saber o lugar da desgraça? Calculei que devia ser o espinheiro e logo me veio a ideia de examinar a coisa de perto. Saltei no lombo de um cavalo e larguei-me para o bebedouro, daí ganhei o mato, acompanhando o rasto da onça. Caminhei, caminhei, e enquanto caminhava ia-me chegando uma esperança. Era possível que não estivesse tudo perdido. Se encontrasse o meu olho, talvez ele pegasse de novo e tapasse aquele buraco vermelho que eu tinha no rosto. A vista não ia voltar, certamente, mas pelo menos eu arrumaria boa figura. À tardinha cheguei ao espinheiro, que logo reconheci, porque, como os senhores já sabem, a onça tinha caído dentro dele e havia ali um estrago feio: galhos rebentados, o chão coberto de folhas, cabelos e sangue nas cascas do pau. Enfim um sarapatel brabo. Apeei-me e andei uma hora caçando o diacho do olho. Trabalho perdido. E já estava desanimado, quando o infeliz me bateu na cara de supetão, murcho, seco, espetado na ponta de um garrancho todo coberto de moscas. Peguei nele com muito cuidado, limpei-o na manga da camisa para tirar a poeira, depois encaixei-o no buraco vazio e ensanguentado. E foi um espanto, meus amigos, ainda hoje me arrepio. Querem saber o que aconteceu? Vi a cabeça por dentro, vi os miolos, e nos miolos muito brancos as figuras de pessoas em que eu pensava naquele momento. Sim senhores, vi meu pai, minha mãe, meu irmão tenente, os negros, tudo miudinho, do tamanho de caroços de milho. É verdade. Baixando a vista, percebi o coração, as tripas, o bofe, nem sei que mais. Assombrei-me. Estaria malucando? Enquanto enxergava o interior do corpo, via também o que estava fora, as catingueiras, os mandacarus, o céu e a moita de espinhos, mas tudo isso aparecia cortado, como já expliquei: havia apenas uma parte das plantas, do céu, do coração, das tripas, das figuras que se mexiam na minha cabeça. Refletindo, consegui adivinhar a razão daquele milagre: o olho tinha sido colocado pelo avesso. Compreendem? Colocado pelo avesso. Por isso apanhava os pensamentos, o bofe e o resto. Tenho rolado por este mundo, meus amigos, assisti a muita embrulhada, mas essa foi a maior de todas, não foi, Cesária?

— Foi, Alexandre — respondeu Cesária levantando-se e acendendo o cachimbo de barro no candeeiro. — Essa foi diferente das outras.

— Pois é — continuou Alexandre. — Só havia metade das nuvens, metade dos urubus que voavam nelas, metade dos pés de pau. E do outro lado metade do coração, que fazia tuque, tuque, tuque, metade das tripas e do bofe, metade de meu pai, de minha mãe, de meu irmão tenente, dos negros e da onça, que funcionavam na minha cabeça. Meti o dedo no buraco do rosto, virei o olho e tudo se tornou direito, sim senhores. Aqueles troços do interior se sumiram, mas o mundo verdadeiro ficou mais perfeito que antigamente. Quando me vi no espelho, depois, é que notei que o olho estava torto. Valia a pena consertá-lo? Não valia, foi o que eu disse comigo. Para que bulir no que está quieto? E acreditem vossemecês que este olho atravessado é melhor que o outro.

Alexandre bocejou, estirou os braços e esperou a aprovação dos ouvintes. Cesária balançou a cabeça, Das Dores bateu palmas e Seu Libório felicitou o dono da casa:

— Muito bem, Seu Alexandre, o senhor é um bicho. Vou botar essas coisas em cantoria. O olho esquerdo melhor que o direito, não é, Seu Alexandre?

— Isso mesmo, Seu Libório. Vejo bem por ele, graças a Deus. Vejo até demais. Um dia destes apareceu um veado ali no monte...

O cego preto Firmino interrompeu-o:

— E a onça? Que fim levou a onça que ficou presa no mourão, Seu Alexandre?

Alexandre enxugou a testa suada na varanda da rede e explicou-se:

— É verdade, Seu Firmino, falta a onça. Ia-me esquecendo dela. Ocupado com um caso mais importante, larguei a pobre. A onça misturou-se com o gado, no curral, mas começou a entristecer e nunca mais fez ação. Só se dava bem comendo carne fresca. Tentei acostumá-la a outra comida, sabugo de milho, caroço de algodão. Coitada. Estranhou a mudança e perdeu o apetite. Por fim ninguém tinha medo dela. E a bicha andava pelo pátio, banzeira, com o rabo entre as pernas, o focinho no chão. Viveu pouco. Finou-se devagarinho, no chiqueiro das cabras, junto do bode velho, que fez boa camaradagem com a infeliz. Tive pena, Seu Firmino, e mandei curtir o couro dela, que meu irmão tenente levou quando entrou na polícia. Perguntem a Cesária.

— Não é preciso — respondeu Seu Libório Cantador. — Essa história está muito bem amarrada. E a palavra de Seu Alexandre é um evangelho.

Graciliano Ramos. O olho torto de Alexandre. *In:* Ricardo Ramos (org.). *A palavra é... humor.* São Paulo: Scipione, 2007. p. 69-75.

Quem é o autor?

Graciliano Ramos (1892-1953) nasceu em Quebrângulo (AL). Estudou em Maceió, mas não chegou a cursar o ensino superior. Depois de uma breve estada no Rio de Janeiro, em 1914, tendo trabalhado como revisor, retornou a sua cidade natal, onde chegou a ser eleito prefeito. Em 1925, Graciliano lançou seu primeiro romance: *Caetés*. Mais tarde, mudou-se para Maceió, onde dirigiu a Imprensa Oficial de Alagoas e o Departamento Geral da Instrução Pública do estado (equivalente à Secretaria de Estado da Educação). Entre 1934 e 1953, ano de sua morte, escreveu diversos romances. Entre os mais conhecidos estão incluídos: *São Bernardo* (1934) e *Vidas secas* (1938). Graciliano também é autor de *Memórias do cárcere* (1953), livro de memórias publicado postumamente.

Interagindo com o conto de humor

1 Explique o título "O olho torto de Alexandre".

_____
_____
_____
_____
_____

2 O conto apresenta duas narrativas paralelas, como se uma história estivesse sendo contada dentro de outra.

a) Que tipo de narrador ocorre na história principal, em que Alexandre está reunido com os amigos e conta sobre por que perdeu a visão de um olho? Transcreva um trecho que comprove sua resposta.

_____
_____
_____
_____

b) A história de Alexandre com a onça é contada por qual tipo de narrador? Justifique sua resposta com trechos do conto.

_____
_____
_____
_____
_____

3 Vamos identificar os **tipos de personagem** do texto? Classifique cada um deles no quadro a seguir.

> Os **tipos de personagem** de uma história são: o protagonista, que é o personagem central; o antagonista, aquele que se opõe ao protagonista; e os coadjuvantes ou secundários, que são os demais personagens.

Personagem	
Alexandre	
Seu Firmino	
Seu Libório Cantador	
Cesária	
Mestre Gaudêncio Curandeiro	
Das Dores	

4 Numere os fatos a seguir ordenando-os de acordo com o **enredo** do conto "O olho torto de Alexandre".

> A sequência de acontecimentos apresentada em uma narrativa chama-se **enredo**.

- [ ] Seu Firmino questiona Alexandre sobre uma passagem de sua história.
- [ ] Alexandre conta a origem de seu olho torto, que ele havia perdido enquanto enfrentava uma onça no mato.
- [ ] Alexandre está numa roda de conversa com Seu Libório Cantador, Seu Firmino, Cesária, Mestre Gaudêncio Curandeiro e Das Dores.
- [ ] Alexandre diz que dominou a onça, que acabou definhando até morrer entre os animais domésticos da fazenda.
- [ ] Seu Libório diz que quer fazer uma cantiga sobre a história contada por Alexandre.
- [ ] Alexandre narra que recolocou o olho no lugar e voltou a enxergar de maneira correta.
- [ ] Todos gostam do que Alexandre conta e acreditam na veracidade da história.
- [ ] Alexandre não quer contar a história, mas os ouvintes insistem.
- [ ] Alexandre conta que encontrou o olho e o colocou no lugar, mas com a íris para dentro, e se assustou quando começou a enxergar o que estava dentro do seu corpo.

5 Sobre a intenção geral do conto, pode-se dizer que:

a) o texto é um conto de humor, pois é uma história cheia de aventuras e situações cômicas.

b) o texto é um conto de caráter didático, pois pretende transmitir um ensinamento de vida para o leitor.

c) por ter um fim triste, com a morte da onça, a história por ser classificada como um conto trágico.

d) a narrativa serve para valorizar a contação de histórias como forma de transmitir informações.

6 Com base na história que está sendo contada por Alexandre aos seus amigos, responda às questões.

a) Quem são os personagens dessa história?

_____

b) O espaço e o tempo são delimitados por Alexandre. Onde e quando a história narrada por ele acontece?

_____
_____
_____

c) O enredo das narrativas costuma apresentar um **conflito**, uma situação-problema, que normalmente cria tensão no leitor. Na história contada por Alexandre, qual é o conflito?

_____
_____

d) O **clímax** é o momento de maior tensão no texto, em que o conflito atinge seu ponto máximo. Qual fato indica o clímax da história que o personagem está contando? Explique.

_____
_____
_____
_____
_____

e) O **desfecho** é a solução do conflito. Qual é o desfecho dessa história?

_____
_____
_____

> O **conto** tende a ser uma narrativa breve escrita em prosa. Geralmente, apresenta poucos personagens e enredo com número reduzido de ações. Quando a narração envolve o leitor em uma história que transforma situações cômicas do cotidiano em texto literário, ela é conhecida como **conto de humor**.

7 Releia outro trecho do conto:

> — Destampe logo, Seu Firmino — resmungou Alexandre enjoado. — Para que essas nove-horas?
> — Então, como o dono da casa manda, lá vai tempo. Essa história da onça era diferente a semana passada. Seu Alexandre já montou na onça três vezes, e no princípio não falou no espinheiro.

Com base nesse fragmento, o que se pode concluir?

a) Seu Firmino não tem vergonha de falar o que pensa.
b) A verdade da história é comprovada pelo número de vezes que ela é contada.
c) Seu Firmino questiona a veracidade da história de Alexandre.
d) Um detalhe foi determinante para mostrar que a história é real.

8. Explique o sentido das expressões destacadas a seguir. Se necessário, volte ao texto para entender o contexto em que são usadas.

a) "— Pois é — tornou o cego. — Vossemecê não se ofenda, eu não gosto de ofender ninguém. Mas **nasci com o coração perto da goela**."

b) "— **Destampe logo**, Seu Firmino — resmungou Alexandre enjoado. — Para que essas **nove-horas**?"

c) "Aí Alexandre, magoado com a objeção do negro, declarou aos amigos que ia calar-se. Detestava exageros, só dizia o que tinha se passado, mas como na sala havia quem duvidasse dele, **metia a viola no saco**."

d) "— Muito bem, Seu Alexandre, o senhor é um bicho. Vou **botar essas coisas em cantoria**. O olho esquerdo melhor que o direito, não é, Seu Alexandre?"

9. Graciliano Ramos, autor do conto "O olho torto de Alexandre", é um renomado escritor alagoano conhecido por suas obras regionalistas. Identifique traços regionais nesse conto.

TEXTO 2

Antes de ler

1. O texto lido anteriormente é um conto de humor. Agora você lerá um conto fantástico. Levante hipóteses: Por que este conto recebe essa designação?
2. Observe o nome do autor. Você já ouviu falar dele?

O ex-mágico da Taberna Minhota

[...]

Hoje sou funcionário público e este não é o meu desconsolo maior.

Na verdade, eu não estava preparado para o sofrimento. Todo homem, ao atingir certa idade, pode perfeitamente enfrentar a avalanche do tédio e da amargura, pois desde a meninice acostumou-se às vicissitudes, através de um processo lento e gradativo de dissabores.

Tal não aconteceu comigo. Fui atirado à vida sem pais, infância ou juventude.

Um dia dei com os meus cabelos ligeiramente grisalhos, no espelho da Taberna Minhota. A descoberta não me espantou e tampouco me surpreendi ao retirar do bolso o dono do restaurante. Ele sim, perplexo, me perguntou como podia ter feito aquilo.

O que poderia responder, nessa situação, uma pessoa que não encontrava a menor explicação para sua presença no mundo? Disse-lhe que estava cansado. Nascera cansado e entediado.

Sem meditar na resposta, ou fazer outras perguntas, ofereceu-me emprego e passei daquele momento em diante a divertir a freguesia da casa com os meus passes mágicos.

O homem, entretanto, não gostou da minha prática de oferecer aos espectadores almoços gratuitos, que eu extraía misteriosamente de dentro do paletó. Considerando não ser dos melhores negócios aumentar o número de fregueses sem o consequente acréscimo nos lucros, apresentou-me ao empresário do Circo-Parque Andaluz, que, posto a par das minhas habilidades, propôs contratar-me. Antes, porém, aconselhou-o que se prevenisse contra os meus truques, pois ninguém estranharia se me ocorresse a ideia de distribuir ingressos graciosos para os espetáculos.

Contrariando as previsões pessimistas do primeiro patrão, o meu comportamento foi exemplar. As minhas apresentações em público não só empolgaram multidões como deram fabulosos lucros aos donos da companhia.

Pedro Hamdan

A plateia, em geral, me recebia com frieza, talvez por não me exibir de casaca e cartola. Mas quando, sem querer, começava a extrair do chapéu coelhos, cobras, lagartos, os assistentes vibravam. Sobretudo no último número, em que eu fazia surgir, por entre os dedos, um jacaré. Em seguida, comprimindo o animal pelas extremidades, transformava-o numa sanfona. E encerrava o espetáculo tocando o Hino Nacional da Cochinchina. Os aplausos estrugiam de todos os lados, sob o meu olhar distante.

O gerente do circo, a me espreitar de longe, danava-se com a minha indiferença pelas palmas da assistência. Notadamente se elas partiam das criancinhas que me iam aplaudir nas matinês de domingo. Por que me emocionar, se não me causavam pena aqueles rostos inocentes, destinados a passar pelos sofrimentos que acompanham o amadurecimento do homem? Muito menos me ocorria odiá-las por terem tudo que ambicionei e não tive: um nascimento e um passado.

Com o crescimento da popularidade a minha vida tornou-se insuportável.

Às vezes, sentado em algum café, a olhar cismativamente o povo desfilando na calçada, arrancava do bolso pombos, gaivotas, maritacas. As pessoas que se encontravam nas imediações, julgando intencional o meu gesto, rompiam em estridentes gargalhadas. Eu olhava melancólico para o chão e resmungava contra o mundo e os pássaros.

Se, distraído, abria as mãos, delas escorregavam esquisitos objetos. A ponto de me surpreender, certa vez, puxando da manga da camisa uma figura, depois outra. Por fim, estava rodeado de figuras estranhas, sem saber que destino lhes dar.

Nada fazia. Olhava para os lados e implorava com os olhos por um socorro que não poderia vir de parte alguma.

Situação cruciante.

Quase sempre, ao tirar o lenço para assoar o nariz, provocava o assombro dos que estavam próximos, sacando um lençol do bolso. Se mexia na gola do paletó, logo aparecia um urubu. Em outras ocasiões, indo amarrar o cordão do sapato, das minhas calças deslizavam cobras. Mulheres e crianças gritavam. Vinham guardas, ajuntavam-se curiosos, um escândalo. Tinha de comparecer à delegacia e ouvir pacientemente da autoridade policial ser proibido soltar serpentes nas vias públicas.

Não protestava. Tímido e humilde mencionava a minha condição de mágico, reafirmando o propósito de não molestar ninguém.

Também, à noite, em meio a um sono tranquilo, costumava acordar sobressaltado: era um pássaro ruidoso que batera as asas ao sair do meu ouvido.

Numa dessas vezes, irritado, disposto a nunca mais fazer mágicas, mutilei as mãos. Não adiantou. Ao primeiro movimento que fiz, elas reapareceram novas e perfeitas nas pontas dos tocos de braço. Acontecimento de desesperar qualquer pessoa, principalmente um mágico **enfastiado** do ofício.

Urgia encontrar solução para o meu desespero. Pensando bem, concluí que somente a morte poria termo ao meu desconsolo.

Firme no propósito, tirei dos bolsos uma dúzia de leões e, cruzando os braços, aguardei o momento em que seria devorado por eles. Nenhum mal me fizeram. Rodearam-me, farejaram minhas roupas, olharam a paisagem, e se foram.

Na manhã seguinte regressaram e se puseram, **acintosos**, diante de mim.

— O que desejam, estúpidos animais?! — gritei, indignado.

Sacudiram com tristeza as jubas e imploraram-me que os fizesse desaparecer:

— Este mundo é tremendamente tedioso — concluíram.

Não consegui refrear a raiva. Matei-os todos e me pus a devorá-los. Esperava morrer, vítima de fatal indigestão.

Sofrimento dos sofrimentos! Tive imensa dor de barriga e continuei a viver.

1930, ano amargo. Foi mais longo que os posteriores à primeira manifestação que tive da minha existência, ante o espelho da Taberna Minhota.

Não morri, conforme esperava. Maiores foram as minhas aflições, maior o meu desconsolo.

Quando era mágico, pouco lidava com os homens – o palco me distanciava deles. Agora, obrigado a constante contato com meus semelhantes, necessitava compreendê-los, disfarçar a náusea que me causavam.

O pior é que, sendo diminuto meu serviço, via-me na contingência de permanecer à toa horas a fio. E o ócio levou-me à revolta contra a falta de um passado. Por que somente eu, entre todos os que viviam sob os meus olhos, não tinha alguma coisa para recordar? Os meus dias flutuavam confusos, mesclados com pobres recordações, pequeno saldo de três anos de vida.

O amor que me veio por uma funcionária, vizinha de mesa de trabalho, distraiu-me um pouco das minhas inquietações.

Distração momentânea. Cedo retornou o desassossego, debatia-me em incertezas. Como me declarar à minha colega? Se nunca fizera uma declaração de amor e não tivera sequer uma experiência sentimental!

1931 entrou triste, com ameaças de demissões coletivas na Secretaria e a recusa da datilógrafa em me aceitar. Ante o risco de ser demitido, procurei acautelar meus interesses. (Não me importava o emprego. Somente temia ficar longe da mulher que me rejeitara, mas cuja presença me era agora indispensável.)

Fui ao chefe da seção e lhe declarei que não podia ser dispensado, pois, tendo dez anos de casa, adquirira estabilidade no cargo.

Fitou-me por algum tempo em silêncio. Depois, fechando a cara, disse que estava atônito com meu cinismo. Jamais poderia esperar de alguém, com um ano de trabalho, ter a ousadia de afirmar que tinha dez.

Para lhe provar não ser leviana a minha atitude, procurei nos bolsos os documentos que comprovavam a lisura do meu procedimento. Estupefato, deles retirei apenas um papel amarrotado — fragmento de um poema inspirado nos seios da datilógrafa.

Revolvi, ansioso, todos os bolsos e nada encontrei.

Tive que confessar minha derrota. Confiara demais na faculdade de fazer mágicas e ela fora anulada pela burocracia.

Hoje, sem os antigos e miraculosos dons de mago, não consigo abandonar a pior das ocupações humanas. Falta-me o amor da companheira de trabalho, a presença de amigos, o que me obriga a andar por lugares solitários. Sou visto muitas vezes procurando retirar com os dedos, do interior da roupa, qualquer coisa que ninguém enxerga, por mais que atente a vista.

Pensam que estou louco, principalmente quando atiro ao ar essas pequeninas coisas.

Tenho a impressão de que é uma andorinha a se desvencilhar das minhas mãos. Suspiro alto e fundo.

Não me conforta a ilusão. Serve somente para aumentar o arrependimento de não ter criado todo um mundo mágico.

Por instantes, imagino como seria maravilhoso arrancar do corpo lenços vermelhos, azuis, brancos, verdes. Encher a noite com fogos de artifício. Erguer o rosto para o céu e deixar que pelos meus lábios saísse o arco-íris. Um arco-íris que cobrisse a Terra de um extremo a outro. E os aplausos dos homens de cabelos brancos, das meigas criancinhas.

Murilo Rubião. O ex-mágico da Taberna Minhota. *In*: Murilo Rubião. *O pirotécnico Zacarias*. São Paulo: Ática, 1991. (Coleção Nosso Tempo).

Glossário

acintoso: que faz de propósito.
Cochinchina: região localizada no sul do Vietnã.
datilógrafo: aquele que utiliza a máquina de escrever ou máquina de datilografia.
enfastiado: aborrecido, enfadado.
taberna: estabelecimento onde são vendidas bebidas e petiscos.

Quem é o autor?

Murilo Eugênio Rubião (1916-1991) nasceu em Silvestre Ferraz, cidade atualmente chamada Carmo de Minas (MG). Formou-se em Direito, mas trabalhou como professor, jornalista e como diretor da Rádio Inconfidência, de Belo Horizonte (MG). Teve também vários cargos políticos, entre eles o de assessor do presidente Juscelino Kubitschek (1902-1976). Ao lado de José J. Veiga (1915-1999) e Moacyr Scliar (1937-2011), é considerado um dos maiores escritores de literatura fantástica brasileira. Faleceu em Belo Horizonte.

Interagindo com o conto fantástico

1 Releia os parágrafos a seguir.

> Hoje sou funcionário público e este não é o meu desconsolo maior.
>
> Na verdade, eu não estava preparado para o sofrimento. Todo homem, ao atingir certa idade, pode perfeitamente enfrentar a avalanche do tédio e da amargura, pois desde a meninice acostumou-se às vicissitudes, através de um processo lento e gradativo de dissabores.
>
> Tal não aconteceu comigo. Fui atirado à vida sem pais, infância ou juventude.
>
> Um dia dei com os meus cabelos ligeiramente grisalhos, no espelho da Taberna Minhota. A descoberta não me espantou e tampouco me surpreendi ao retirar do bolso o dono do restaurante. Ele sim, perplexo, me perguntou como podia ter feito aquilo.

Agora, complete o quadro com base no texto.

Tipo de narrador	
Pessoa do discurso em que a história é contada	
Palavras ou expressões que comprovam o tipo de narrador e a pessoa do discurso	
Características do protagonista do conto no momento em que a história é contada	
Fato mágico narrado no 4º parágrafo	

2 Releia os trechos a seguir e observe outros marcadores temporais em destaque, que são usados no texto.

> **1930**, ano amargo. Foi mais longo que os posteriores à primeira manifestação que tive da minha existência, ante o espelho da Taberna Minhota.

> **1931** entrou triste, com ameaças de demissões coletivas na Secretaria e a recusa da datilógrafa em me aceitar.

> **Hoje**, sem os antigos e miraculosos dons de mago, não consigo abandonar a pior das ocupações humanas.

a) Qual é a importância dos marcadores temporais destacados nesses trechos?

_____
_____
_____
_____
_____

b) A palavra **hoje** ocorre tanto no início quanto no final da história. Por que ela foi empregada nos dois momentos?

_____
_____
_____
_____

3 Os contos podem ter diferentes intenções. Há contos de humor, fantásticos, de mistério, de terror, policiais, realistas, psicológicos, entre outros. A caracterização do conto está relacionada ao efeito que o autor pretende causar no leitor, à atmosfera predominante na narrativa, ao tratamento dado aos personagens e à estruturação formal do texto.

- Levando em conta essa explicação e a introdução do conto, a história escrita por Murilo Rubião tem caráter fantástico porque se baseia:

a) em experiências infelizes vividas pelo personagem.

b) em acontecimentos mágicos, surreais, criados no imaginário do narrador da história.

c) na história de um velho considerado louco pelas pessoas que o conhecem.

d) no desejo do personagem de realizar mágicas para amenizar o tédio.

A **literatura fantástica** é um gênero literário comum na América Latina e está representada por escritores consagrados, como o colombiano Gabriel García Márquez (1927-2014) e o peruano Mario Vargas Llosa (1936-). Trata-se de uma narrativa de ficção cujos elementos geralmente incorporam fatos ou personagens fantásticos, isto é, que são desconhecidos na realidade ou cuja existência não é comprovada cientificamente. Alguns críticos literários denominam esse gênero de **realismo mágico**.

Nos contos fantásticos, o imaginário também é uma possibilidade de criação de histórias. Fala-se da vida e da realidade, mas sempre utilizando elementos fantásticos.

Gabriel García Márquez. Mario Vargas Llosa.

4 O desfecho do conto leva o leitor a hesitar entre duas possibilidades: 1) interpretar a história segundo as leis naturais, portanto o narrador poderia ser considerado um louco; 2) interpretar o conto como um evento sobrenatural, inexplicável na nossa realidade.

- Como você o interpreta? Explique sua resposta.

5 Releia o trecho a seguir.

> Na verdade, eu não estava preparado para o sofrimento. Todo homem, ao atingir certa idade, pode perfeitamente enfrentar a avalanche do tédio e da amargura, pois desde a meninice acostumou-se às vicissitudes, através de um processo lento e gradativo de dissabores.
>
> Tal não aconteceu comigo.

a) O que o termo **vicissitudes** significa? Explique-o de acordo com seu sentido no conto. Se necessário, consulte um dicionário.

b) Nesse trecho, que outra palavra tem sentido semelhante ao de **vicissitudes**?

c) Segundo o narrador, o que acontece com as pessoas mais velhas?

6 No conto "O ex-mágico da Taberna Minhota", o personagem começa a fazer mágicas involuntariamente: objetos e seres começam a sair de seus bolsos ou de suas mãos quando ele as movimenta. Por isso, ele passa a trabalhar como mágico. A partir de que ponto do texto entende-se que as mágicas do personagem não são intencionais?

_____
_____
_____
_____

7 Releia o parágrafo a seguir e compare-o com o verbete **mágico**.

> A plateia, em geral, me recebia com frieza, talvez por não me exibir de casaca e cartola. Mas quando, sem querer, começava a extrair do chapéu coelhos, cobras, lagartos, os assistentes vibravam. Sobretudo no último número, em que eu fazia surgir, por entre os dedos, um jacaré. Em seguida, comprimindo o animal pelas extremidades, transformava-o numa sanfona. E encerrava o espetáculo tocando o Hino Nacional da Cochinchina. Os aplausos estrugiam de todos os lados, sob o meu olhar distante.

má·gi·co (latim *magicus, -a, -um*) *adjetivo*
1. Relativo a magia.
2. Que acontece por magia, sem explicação. = FANTÁSTICO
3. Que encanta, seduz. = ENCANTADOR, FASCINANTE, MARAVILHOSO

substantivo masculino
4. Pessoa que pratica a magia. = BRUXO, FEITICEIRO, MAGO, NIGROMANTE
5. Pessoa que faz números de ilusionismo. = ILUSIONISTA, PRESTIDIGITADOR
6. [Figurado] pessoa hipócrita. = FALSO, FINGIDO

palavras relacionadas: mágica, magia, magicamente, encantatório, maga, mago, encantamento

MÁGICO. *Priberam*, [Lisboa] c2020. Disponível em: https://dicionario.priberam.org/magico. Acesso em: 9 maio 2020.

- Que elementos aproximam o protagonista de um mágico? Em que sentido ele se afasta de uma visão estereotipada de um mágico ou ilusionista?

_____
_____
_____
_____
_____

8 Desesperado, o protagonista parece encontrar uma "espécie de morte", quando se torna funcionário público e a vida burocrática põe fim até a suas mágicas. De acordo com o conto, o ex-mágico:

a) chega a sentir saudades de sua antiga condição e se arrepende de não ter criado "todo um mundo mágico" enquanto podia.

b) parece estar louco, pois não consegue se encontrar profissionalmente, sentindo-se pouco valorizado por isso.

c) arrepende-se de não ter dado a devida atenção às pessoas que dividiam com ele o ambiente de trabalho.

d) desiste de lutar contra o dom que tem e, assim que assume essa postura, perde o poder de realizar as mágicas.

9 Leia novamente o desfecho do conto.

> [...]
>
> Sou visto muitas vezes procurando retirar com os dedos, do interior da roupa, qualquer coisa que ninguém enxerga, por mais que atente a vista.
>
> Pensam que estou louco, principalmente quando atiro ao ar essas pequeninas coisas.
>
> Tenho a impressão de que é uma andorinha a se desvencilhar das minhas mãos. Suspiro alto e fundo.
>
> Não me conforta a ilusão. Serve somente para aumentar o arrependimento de não ter criado todo um mundo mágico.
>
> Por instantes, imagino como seria maravilhoso arrancar do corpo lenços vermelhos, azuis, brancos, verdes. Encher a noite com fogos de artifício. Erguer o rosto para o céu e deixar que pelos meus lábios saísse o arco-íris. Um arco-íris que cobrisse a Terra de um extremo a outro. E os aplausos dos homens de cabelos brancos, das meigas criancinhas.

O protagonista conta que algumas vezes ainda tenta tirar coisas do interior da roupa, mas em vão. Que justificativa ele apresenta para isso?

_____
_____
_____

10 Crie um novo desfecho para o conto. Você pode manter o caráter fantástico do texto ou surpreender seu leitor de outra forma. Leia o novo final a um colega e leia o final que ele criou. Se necessário, use o caderno.

_____
_____
_____
_____
_____

História da mágica

Divertir a plateia ao dar-lhe a sensação de que algo impossível tornou-se realidade – esse é o principal objetivo do ilusionismo, popularmente conhecido como mágica. Em espetáculos, os ilusionistas ou mágicos apresentam números detalhadamente pensados com a finalidade de dar ao público a ideia de que são capazes de desafiar as leis naturais.

A arte do ilusionismo é uma das mais antigas formas de entretenimento de que se tem registro: o Papiro de Westcar, documento histórico originário do Egito Antigo e datado de cerca de 1700 a.C., já descrevia um espetáculo de mágica. Além desse papiro, existem outros documentos antigos que mostram como o ilusionismo vem acompanhando o desenvolvimento da civilização até os dias atuais.

Durante a Inquisição, muitos mágicos foram perseguidos por serem considerados uma ameaça à sociedade por seu envolvimento com o sobrenatural. Foi apenas no século XVIII que o ilusionismo passou a ser reconhecido e prestigiado como profissão, em virtude da fama de um dos maiores mágicos da história: o francês Jean Eugène Robert-Houdin (1805-1871).

Jean Eugène Robert-Houdin e sua caixa mágica, c. 1850. Xilogravura. Paris, Bibliothèque Nationale. A obra é parte de uma série de trabalhos que mostram os truques feitos por Robert-Houdin em seus espetáculos de mágica.

Em 1904, surgiu Harry Houdini (1874-1926), que revolucionou os truques de mágica e tornou-se um dos ilusionistas mais famosos do mundo. Em um de seus números, Houdini foi colocado em um caixão com as mãos e os pés algemados e 90 kg de chumbo, sendo atirado no East River, em Nova York. Ele se soltou pouco menos de um minuto depois e reapareceu são e salvo na superfície. Na foto ao lado, ele é retratado em outra de suas exibições, pouco antes de saltar de uma altura de mais de 9 metros, com as mãos algemadas e presas a um colar de ferro.

Harry Houdini preparando-se para saltar da Harvard Bridge. Boston, Massachusetts, Estados Unidos, 1908.

Processos de formação de palavras

1 Releia:

> Às vezes, sentado em algum café, a olhar **cismativamente** o povo desfilando na calçada, arrancava do bolso pombos, gaivotas, maritacas.

- A palavra destacada é um neologismo, ou seja, foi criada pelo autor. É um termo que tem origem no verbo **cismar**. O que ela significa no contexto do conto?
  - a) deslumbrado
  - b) incomodado
  - c) preocupado
  - d) chateado

> As palavras podem ser classificadas de acordo com o processo pelo qual foram formadas. Existem palavras primitivas e palavras derivadas. A palavra **primitiva** serve de base para que outras se formem. Por sua vez, a palavra **derivada** se origina de uma palavra primitiva.
>
> Na língua portuguesa, as palavras são formadas basicamente por dois processos: derivação e composição. **Derivação** é o processo pelo qual palavras são criadas mediante o acréscimo de afixos (prefixos ou sufixos) a um radical. Já o processo de **composição** consiste em gerar novas palavras por meio da junção de dois radicais.

2 Analise as palavras abaixo e identifique o processo de formação de cada uma.

| recusa | entristecer | paraquedas | destampe | insuportável |
| espinheiro | tardinha | esmiuçar | arco-íris | tampouco |

- Agora leia os conceitos nas tabelas a seguir e complete-as com as palavras que você analisou.

Derivação	O que é?	Exemplos
Prefixal ou prefixação	Acréscimo de prefixo à palavra primitiva.	
Sufixal ou sufixação	Acréscimo de sufixo à palavra primitiva.	
Parassintética ou parassíntese	Acréscimo simultâneo de prefixo e sufixo à palavra primitiva.	
Regressiva	Redução de uma palavra para dar origem a outra.	

Composição	O que é?	Exemplos
Justaposição	União de dois ou mais radicais sem alterações fonéticas.	
Aglutinação	União de dois ou mais radicais com alterações fonéticas.	

3 Analise as palavras a seguir.

ligeiramente   entediado   freguesia   reconheci   infeliz   acautelar

De acordo com o exemplo:

a) indique a palavra primitiva em cada caso;
b) assinale se a palavra recebeu um prefixo ou um sufixo e indique qual(is);
c) descreva o sentido que esse prefixo ou sufixo estabelece.

ligeiramente

Palavra primitiva	ligeira
Prefixo ☐ Sufixo ☐	-mente
Sentido	O sufixo promove o sentido de modo, transformando o adjetivo em advérbio.

entediado

Palavra primitiva	
Prefixo ☐ Sufixo ☐	
Sentido	

freguesia

Palavra primitiva	
Prefixo ☐ Sufixo ☐	
Sentido	

reconheci

Palavra primitiva	
Prefixo ☐ Sufixo ☐	
Sentido	

infeliz

Palavra primitiva	
Prefixo ☐ Sufixo ☐	
Sentido	

acautelar

Palavra primitiva	
Prefixo ☐ Sufixo ☐	
Sentido	

Vamos comparar?

Conto de humor e conto fantástico

1. Leia o mapa mental a seguir. Você pode consultá-lo sempre que quiser se lembrar dos elementos principais dos gêneros **Conto de humor** e **Conto fantástico**.

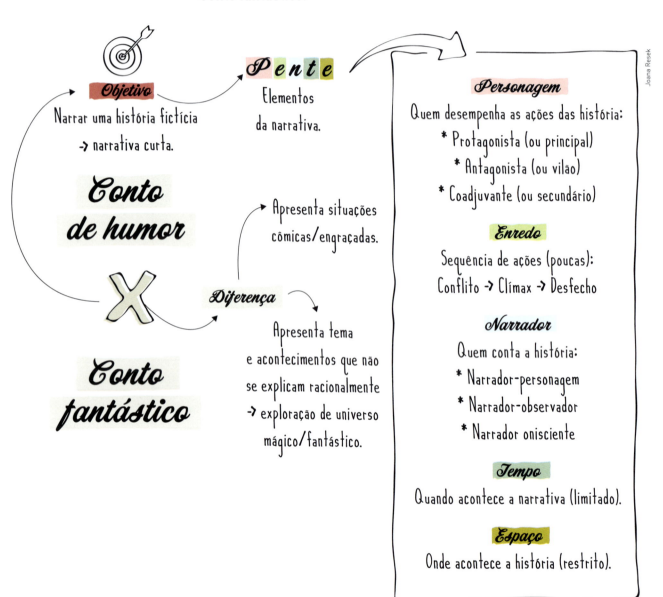

2. Para compreender melhor a relação entre os gêneros textuais estudados nesta unidade, bem como a tipologia e o campo de atuação a que pertencem, complete o quadro a seguir com o título e o gênero dos textos, de acordo com o objetivo comunicativo deles, ou seja, o objetivo principal para o qual foram escritos. Observe os ícones que acompanham os textos indicando o campo de atuação a que pertencem.

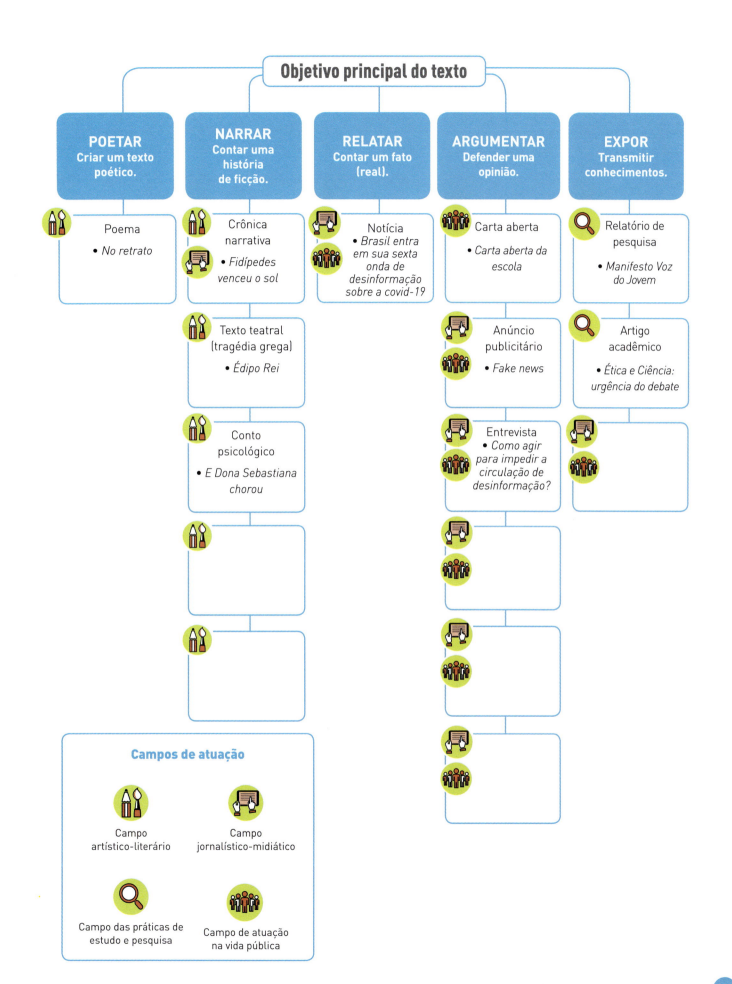

Oficina de produção escrita

Conto

Contar histórias é uma das atividades mais antigas da humanidade. Para divertir, emocionar ou assustar, elas ensinam e aproximam as pessoas.

Agora, você vai produzir um conto. Antes, porém, para que seu trabalho de escrita seja um sucesso, vamos fazer algumas atividades para recordar os principais tópicos desta unidade.

RECORDAR

1. O conto é uma narrativa curta e com poucos personagens, que podem ser de três tipos:
    - protagonista (ou personagem principal);
    - antagonista (ou vilão);
    - coadjuvante (ou personagem secundário).
2. A história pode ser contada por: um narrador-personagem, um narrador-observador ou um narrador onisciente.
3. O enredo apresenta poucas ações, realizadas em espaço e período limitados. Nele há um conflito, ou seja, uma situação-problema, para despertar a atenção do leitor até que chegue o clímax, que é o momento de maior tensão do texto. A narrativa termina com um desfecho, quando é apresentada uma solução para o conflito.

PLANEJAR

4. Pense em uma situação para trabalhá-la como elemento gerador da narrativa. O que você pretende com seu conto? Faça um rascunho identificando os principais aspectos do texto – personagens, tempo e lugar onde a história se passa – e defina como você vai contá-la.
5. Quem são os personagens? Quais são seus nomes?
6. Estabeleça um conflito que desencadeará um clímax.
7. Defina um desfecho interessante para o texto, com base nas situações que inventou.
8. Lembre-se de que cada detalhe ajuda muito a entender o conto:
    - Qual será o tipo de narrador?
    - Em que espaço a história se passa?
    - A narrativa terá um tempo definido?

PRODUZIR

9. É hora de escrever! Atente aos seguintes aspectos:
    - O enredo da história precisa ser envolvente, intrigante e despertar o interesse do leitor, para que ele tente antecipar os fatos e se surpreenda com os rumos que a narrativa vai tomar.

- Os fatos narrados precisam estar encadeados por meio de relações de causa e consequência, já que uns advêm dos outros.
- A história não necessariamente precisa corresponder à realidade. Uma narrativa pode ter, por exemplo, cavalos que falam, mas é preciso haver lógica e coerência entre os fatos. Essa organização chama-se verossimilhança.

> **Verossimilhança** é a coerência de uma história, é aquilo que é plausível, provável, que parece verdade.

10. Apresente algumas informações sobre os personagens, o tempo e o espaço da narrativa. Desde a introdução, busque despertar o interesse do leitor no texto.
11. Crie uma situação de conflito que, de alguma forma, contraste com a situação inicial apresentada. Os textos narrativos podem ter vários conflitos, mas o conto, por ser uma história curta, geralmente tem apenas um.
12. Passe ao ponto culminante do conto, ao momento de maior tensão – o clímax –, que é resolvido no encerramento da história.
13. No desfecho, busque surpreender o leitor. O final é inusitado? Feliz? Triste? Fica em suspense?

REVISAR

14. Entregue seu texto a um colega para que ele leia seu conto. Peça a ele que observe os itens a seguir. Faça o mesmo com o texto dele.

    a) Há coerência em todas as etapas da história?

    b) É possível notar onde e quando se passa o texto?

    c) Os personagens podem ser identificados com facilidade?

    d) O tipo de narrador se mantém em todo o texto?

    e) O conflito e o desfecho do conto são intrigantes? Eles despertam o interesse do leitor?

15. Quando receber as observações do colega, faça as alterações necessárias em seu texto e passe-o a limpo. Depois, entregue-o ao professor, que também sugerirá algumas modificações.
16. Após receber o texto do professor, faça as alterações necessárias e passe-o novamente a limpo. O conto que você escreveu servirá de base para a produção de um audiolivro na **Oficina de produção oral**.

Oficina de produção oral

Audiolivro

Agora que você é autor de um conto, precisa fazê-lo chegar às pessoas. Uma forma de compartilhar sua produção é organizar um audiolivro com os colegas. Antes disso, vamos recordar as características desse gênero oral.

RECORDAR

1. Como o próprio nome indica, **audiolivro** é um livro de áudios, produção que tem se tornado comum por causa das tecnologias digitais. Também chamado de *audiobook*, o audiolivro pode utilizar recursos como vozes diferentes para cada personagem, efeitos sonoros e trilhas musicais. Além de facilitar o acesso de pessoas com deficiência visual à literatura, o audiolivro é uma alternativa para quem quer ouvir a história de um livro.

2. Acesse o *link* a seguir e conheça um exemplo de audiolivro, com a narração do conto "Um apólogo", de Machado de Assis. Nessa gravação, o livro é lido pelo locutor Rennê Luduvico. Preste atenção nas características do áudio.

Machado de Assis. Um apólogo. *In*: Machado de Assis *et al*. *Coleção LibriVox de Contos Brasileiros 001*. Narradores: Rennê Luduvico *et al*. [*S. l.*]: LibriVox, 2008. Disponível em: https://ia802707.us.archive.org/27/items/contos_brasileiros_0807_librivox/contos_brasileiros_14_64kb.mp3. Acesso em: 7 maio 2020.

PLANEJAR

3. Para a produção do audiolivro, você e os colegas vão utilizar os contos que criaram.

4. Lembre-se: é importante que o ouvinte sinta como se estivesse lendo ou vendo a história (neste caso, não há texto impresso ou vídeo). Para isso, você pode utilizar vozes diferentes para cada personagem e fazer as inflexões adequadas aos sentidos do texto. Além disso, o audiolivro pode ter músicas de fundo e efeitos sonoros. Desse modo, o ouvinte poderá entender, por exemplo, que está chovendo, que há uma porta

batendo, um cavalo trotando, entre muitas outras possibilidades, de acordo com a história que você escreveu.
5. Ensaie a leitura do conto antes de fazer sua gravação.

PRODUZIR

6. Grave a leitura do seu conto com o celular, atentando para alguns aspectos:
    - **Postura**: fique de pé, na postura ereta, assim você terá mais facilidade para ler o texto.
    - **Tom de voz**: durante a leitura, sua voz deve ser clara e compreensível, com ritmo adequado à entonação.
    - **Leitura**: digite o texto ou escreva-o em letras grandes, pois isso evitará que você se engasgue ao ler.

REVISAR

7. Troque sua gravação com a de um colega. Ao ouvir o áudio um do outro, vocês devem se perguntar:
    - A leitura está clara e pode ser bem compreendida?
    - O áudio consegue manter a atenção do ouvinte?
    - Há variação de vozes para os personagens?
    - A trilha musical e os efeitos sonoros estão adequados?
8. Se você identificar que algum desses aspectos precisa ser melhorado no conto de seu colega, diga isso a ele. Faça em seu conto as alterações que ele sugerir. Grave um novo áudio, se necessário.

COMPARTILHAR

9. Com os colegas, reúna todas as produções da turma em um único audiolivro, que pode ser compartilhado no *blog* ou no *site* da escola, ou enviado aos seus amigos pelas redes sociais.

Conheça

Série
- *Once upon a time* (Era uma vez), direção de Ralph Hemecker. EUA, 2018.

Site
- Academia de contos. Disponível em: http://www.academiadecontos.com/.

Podcasts
- LibriVox – *audiobooks* gratuitos de domínio público. Disponível em: https://librivox.org/.
- RPG Next – contos narrados. Disponível em: https://open.spotify.com/show/17PDzA47KDtgZCnrULwcuQ?si=UVSmV_ctSwy7IMFHk2RYwQ.

(Acessos em: 7 maio 2020.)

UNIDADE 7

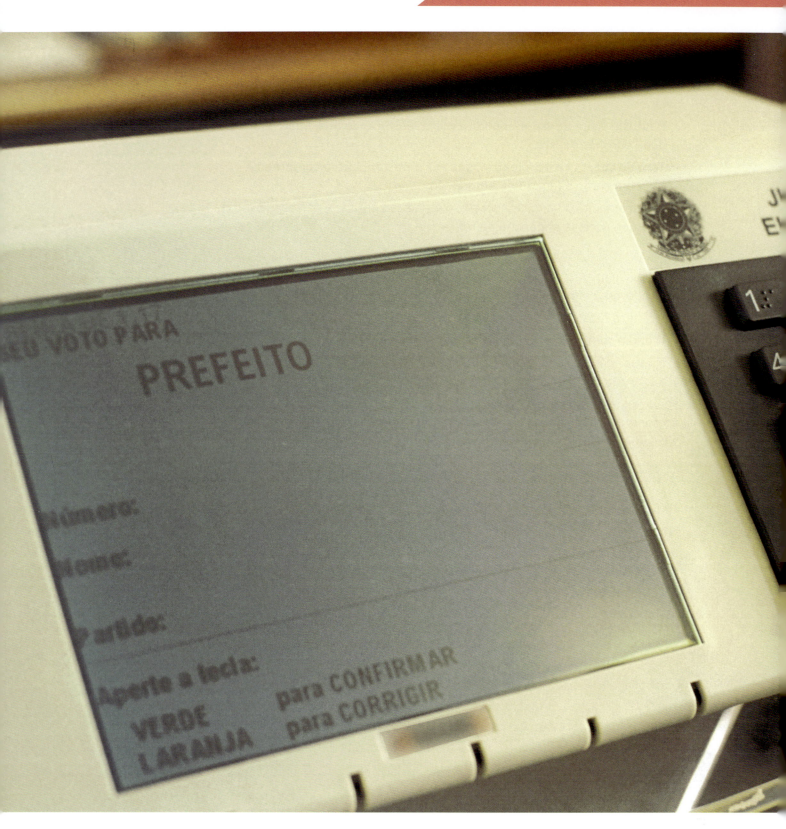

O poder do voto

Votar é um direito de quem vive em um regime democrático.

Por meio do voto, escolhemos o candidato que assumirá um cargo em que representará publicamente os cidadãos. Assim, cabe aos eleitos atuar em nome dos interesses coletivos e realizar ações que melhorem as condições de vida da sociedade. No Brasil, o voto é obrigatório para pessoas entre 18 e 70 anos, mas é possível votar a partir dos 16 anos.

Nesta unidade, por meio de textos que circulam na esfera jornalística, vamos refletir sobre a importância do voto para a manutenção de uma sociedade democrática e a defesa de nossos direitos.

A urna eletrônica é o recurso utilizado nas eleições no Brasil. Considerando isso, responda:

- Quando a urna eletrônica começou a ser utilizada no Brasil? Consulte a internet para responder a essa pergunta.
- Observe, no boxe abaixo, os gêneros textuais que serão estudados nesta unidade. Que relação pode ser estabelecida entre as eleições e esses textos?
- Na sua opinião, é importante votar? Por quê?

O que você vai estudar?
Gêneros
- Artigo de opinião
- Editorial

Língua e linguagem
- Tipos de argumento

O que você vai produzir?
Oficina de produção
- Editorial (escrito)
- *Podcast* (oral)

Demonstração de voto em urna eletrônica. São Paulo (SP), 2000.

TEXTO 1

Antes de ler

1. Pelo título, qual parece ser o assunto do texto?
2. Veja a nota sobre o autor, Claudio Lamachia, no final do texto. A profissão dele também ajuda a elaborar hipóteses sobre o tipo de texto?

https://www1.folha.uol.com.br/opiniao/2016/03/1746667-os-politicos-e-o-povo.shtml

Os políticos e o povo

Claudio Lamachia*

    A crise pela qual passa o país chegou ao ápice na última semana, em decorrência das fortes especulações sobre **condutas** impróprias dos ocupantes da **cúpula** do poder político. É preciso apurar com agilidade as suspeitas levantadas.

    Em momentos como esse, é importante também refletir a respeito das estruturas do nosso sistema político para que consigamos, no futuro, rumos melhores para o Brasil.

    A relação entre classe política e eleitores ganha destaque nos períodos eleitorais, como o das disputas municipais no segundo semestre deste ano. Nessas épocas, os interessados em se eleger invocam o "povo brasileiro" em propagandas e comícios. A população escolhe seus representantes de acordo com critérios variados, que vão da simples empatia até a imprópria troca do voto por favores.

    Passada a eleição, no entanto, uma amnésia geral **abate** boa parte dos envolvidos nesse processo. Promessas são esquecidas. Grande parte do eleitorado não se lembra em quem depositou confiança. Assim, o Brasil chegou ao atual estágio da grave crise que o atinge em diversas áreas – na economia, na política, e, especialmente, na moral e na ética.

    Cada um de nós, eleitores, pode dar sua contribuição para alterar esse quadro, adotando uma postura responsável na hora de escolher seus candidatos e, depois, cobrando dos eleitos que cumpram suas promessas, prestem contas de suas ações e não adotem práticas **reprováveis** no trato com a coisa pública. Cada cidadão tem responsabilidade por seu voto e defesa de seus ideais.

    A revolta contra os escândalos de corrupção e contra as maquiagens na condução dos governos é uma oportunidade **ímpar** para o estabelecimento de um novo padrão ético na política e na sociedade.

Precisamos de mulheres e de homens que sirvam à política e não daquelas e daqueles que se sirvam dela.

Fora do período eleitoral, grande parte da classe política parece se isolar e não ver a realidade do povo. Sem a visão dos reais problemas do Brasil, alguns agentes políticos permitem que a ineficiência do Estado se perpetue, alimentada por fatores como a corrupção, que drena recursos das políticas básicas de saúde, educação, segurança, saneamento e acesso à Justiça.

Outro fator que alimenta a ineficiência da máquina é a aplicação inadequada de verbas públicas, investidas de acordo com prioridades pessoais e partidárias de alguns caciques plantados na chefia de órgãos públicos.

Prova do alheamento dos dirigentes políticos com a situação do povo é o orçamento que conseguiram para as legendas comandadas por eles mesmos, aumentando o fundo partidário de R$ 311 milhões para inacreditáveis R$ 819 milhões. Ou seja: num momento de crise, quando a população é penalizada, a classe política reforça o próprio caixa com dinheiro público.

É longa a lista de episódios lamentáveis de descolamento entre o Olimpo do poder político e a realidade do povo brasileiro. Infelizmente, a própria presidente da República, líder máxima do país, é protagonista de vários deles.

No mesmo dia em que fez um pronunciamento dizendo que o país precisa criar um novo imposto (a CPMF) para sair da crise, ela sancionou o orçamento da União com cortes em investimentos sociais. O imposto aumenta, mas o nível já pífio de devolução em serviço público pode até cair.

A OAB convida a sociedade a refletir sobre o poder do voto e sobre os políticos que exercem seus cargos escondidos atrás dos vidros escuros dos carros oficiais, a bordo de jatinhos e dentro de palácios bancados com dinheiro público, sem ouvir a voz da sociedade.

É preciso também avaliar a postura dos que mudam suas propostas de campanha e, no curso dos mandatos, incluem agendas não aprovadas pelo povo, como a criação de impostos. Sobretudo ao longo deste ano eleitoral, é preciso mostrar que a sociedade não aceita mais esse tipo de descaso com o voto.

* Claudio Lamachia, 54, advogado, é presidente da OAB – Ordem dos Advogados do Brasil.

Claudio Lamachia. Os políticos e o povo. *Folha de S.Paulo,* São Paulo, 6 mar. 2016. Disponível em: https://www1.folha.uol.com.br/opiniao/2016/03/1746667-os-politicos-e-o-povo.shtml. Acesso em: 10 maio 2020.

Glossário

abater: cair, derrubar.
bancado: custeado.
conduta: o modo de agir ou proceder.
cúpula: direção, chefia.
descolamento: distanciamento, separação.
ímpar: especial, único.
perpetuar: persistir permanentemente, perdurar.
pífio: mínimo, insignificante.
reprovável: condenável.

Interagindo com o artigo de opinião

1 Releia abaixo o primeiro e o terceiro parágrafos do texto.

> A crise pela qual passa o país chegou ao ápice na última semana, em decorrência das fortes especulações sobre condutas impróprias dos ocupantes da cúpula do poder político. É preciso apurar com agilidade as suspeitas levantadas.
>
> [...]
>
> A relação entre classe política e eleitores ganha destaque nos períodos eleitorais, como o das disputas municipais no segundo semestre deste ano. Nessas épocas, os interessados em se eleger invocam o "povo brasileiro" em propagandas e comícios. A população escolhe seus representantes de acordo com critérios variados, que vão da simples empatia até a imprópria troca do voto por favores.

a) À primeira vista, considerando-se esses parágrafos, o texto parece uma notícia. Por que se pode afirmar isso?

_____
_____
_____
_____

b) Qual trecho do texto muda essa impressão? Por quê?

_____
_____
_____

c) Por duas vezes, o autor utiliza a palavra **imprópria**: para se referir às condutas dos políticos (primeiro parágrafo) e à troca de votos (terceiro parágrafo). O uso dessa palavra indica:

☐ advertência.　　　　　　☐ juízo de valor.

☐ concordância.　　　　　　☐ valorização.

2 Releia.

> A relação entre classe política e eleitores ganha destaque nos períodos eleitorais, como o das disputas municipais no segundo semestre deste ano. Nessas épocas, os interessados em se eleger **invocam** o "povo brasileiro" em propagandas e comícios. A população escolhe seus representantes de acordo com critérios variados, que vão da simples **empatia** até a imprópria troca do voto por favores.

a) Busque as palavras destacadas em um dicionário. Em seguida, explique a imagem da relação entre políticos e eleitores criada pelo autor.

_____

_____

_____

_____

_____

b) Você concorda com a afirmação do autor do texto? Justifique sua resposta.

_____

_____

_____

3 O objetivo comunicativo do texto é:

a) defender uma tese para tentar convencer o leitor a adotar determinado ponto de vista.

b) despertar sentimentos de alegria ou de tristeza no destinatário do texto.

c) enviar uma mensagem para um destinatário que não se conhece, a fim de informá-lo sobre um fato.

d) instruir o leitor acerca de acontecimentos cotidianos, situando-o sobre a realidade.

4 Uma estratégia utilizada para conquistar a atenção do leitor é estabelecer um diálogo com ele e o aproximar do texto. Cite um exemplo do texto em que o autor se dirige diretamente ao leitor.

_____

_____

_____

5 O texto de Claudio Lamachia foi publicado no caderno "Tendências e Debates", do jornal *Folha de S.Paulo*, destinado a artigos de opinião. Qual é o público-alvo desse texto, ou seja, para quem ele foi escrito?

a) Os brasileiros em geral.

b) Os candidatos a cargos públicos.

c) Os jovens.

d) Os políticos.

6 Releia o trecho e observe as palavras destacadas.

> Precisamos de mulheres e de homens que **sirvam** à política e não daquelas e daqueles que **se sirvam** dela.

181

• O sentido do verbo **servir** é o mesmo nas duas ocorrências? Justifique sua resposta.

_____
_____
_____
_____

7 No sétimo parágrafo, o autor afirma:

> Sem a visão dos reais problemas do Brasil, alguns agentes políticos permitem que a ineficiência do Estado se perpetue, alimentada por fatores como a corrupção, que **drena** recursos das políticas básicas de saúde, educação, segurança, saneamento e acesso à Justiça.

• Observe a palavra destacada e escreva (**V**) para as frases verdadeiras e (**F**) para as falsas.

☐ A associação da palavra com a lama fica evidente no trecho.

☐ O uso dessa palavra evidencia uma crítica do autor.

☐ A comparação com o esvaziamento de recursos opõe-se à corrupção.

☐ Ao utilizá-la, o autor estabelece uma comparação com a temática hídrica.

8 Releia o oitavo parágrafo.

> Outro fator que alimenta a ineficiência da máquina é a aplicação inadequada de verbas públicas, investidas de acordo com prioridades pessoais e partidárias de alguns **caciques** plantados na chefia de órgãos públicos.

• Agora leia a definição da palavra destacada:

▶ **ca·ci·que**
(espanhol *cacique*, do taino)
substantivo masculino
1. Governante ou chefe de algumas tribos indígenas do continente americano. = MORUBIXABA **2.** [Figurado] Pessoa que tem poder para dar ordens a outras do mesmo grupo. = MANDACHUVA **3.** [Figurado] [Política] Indivíduo que dispõe de influência política e eleitoral e que tem grande poder localmente. = MANDACHUVA **4.** [Brasil] [Ornitologia] Designação comum às aves do gênero **Cacicus**, da família dos emberizídeos, típicas da América do Sul. = CACICO

CACIQUE. *Priberam*, [Lisboa], c2020. Disponível em: https://dicionario.priberam.org/cacique.
Acesso em: 10 maio 2020.

- Com base na definição apresentada, explique o sentido da palavra no texto.

_____
_____
_____
_____
_____

9 Qual é a ideia central do parágrafo a seguir?

> A OAB convida a sociedade a refletir sobre o poder do voto e sobre os políticos que exercem seus cargos escondidos atrás dos vidros escuros dos carros oficiais, a bordo de jatinhos e dentro de palácios bancados com dinheiro público, sem ouvir a voz da sociedade.

a) Estabelecer uma relação entre políticos e pessoas ricas.
b) Evidenciar o caráter de omissão dos políticos.
c) Motivar uma mudança na postura dos políticos.
d) Fazer um convite à sociedade.

> **Artigo de opinião** é um gênero textual do campo jornalístico-midiático que coloca em discussão um tema de interesse coletivo e expressa um ponto de vista em relação a ele. É fundamentado na argumentação, pois é por meio dela que o autor defende seu posicionamento. Com o objetivo de convencer os leitores, o autor recorre a pesquisas, dados estatísticos, fatos, notícias e depoimentos confiáveis.
> Além disso, o artigo de opinião pode valer-se de estratégias como a interlocução com os leitores, sugerindo proximidade e ampliando as possibilidades de convencimento. Em geral, o texto é redigido em primeira pessoa, faz uso da norma-padrão da língua e é sempre assinado. O artigo de opinião circula em publicações impressas e virtuais.

10 Releia o quinto parágrafo do texto para responder às questões a seguir.

> Cada um de nós, eleitores, pode dar sua contribuição para alterar esse quadro, adotando uma postura responsável na hora de escolher seus candidatos e, depois, cobrando dos eleitos que cumpram suas promessas, prestem contas de suas ações e não adotem práticas reprováveis no trato com a coisa pública. Cada cidadão tem responsabilidade por seu voto e defesa de seus ideais.

a) Qual é a tese defendida pelo autor?

_____
_____

b) Quais argumentos ele utiliza para defendê-la?
_____
_____
_____

c) Para evidenciar ainda mais tais argumentos, o autor estabelece uma contraposição. Releia o texto e copie os trechos que indicam essa contraposição.
_____
_____
_____
_____

11 Releia a conclusão do texto de Claudio Lamachia.

> É preciso também avaliar a postura dos que mudam suas propostas de campanha e, no curso dos mandatos, incluem agendas não aprovadas pelo povo, como a criação de impostos. Sobretudo ao longo deste ano eleitoral, é preciso mostrar que a sociedade não aceita mais esse tipo de descaso com o voto.

- Agora, leia como Rubem Alves encerra um artigo de opinião, também sobre política, intitulado "Sobre política e jardinagem".

> Há descobrimentos de origens. Mais belos são os descobrimentos de destinos. Talvez, então, se os políticos por vocação se apossarem do jardim, poderemos começar a traçar um novo destino. Então, em vez de desertos e jardins privados, teremos um grande jardim para todos, obra de homens que tiveram o amor e a paciência de plantar árvores em cuja sombra nunca se assentariam.

Rubem Alves. Sobre política e jardinagem. *Folha de S.Paulo*, São Paulo, 19 maio 2000. Disponível em: https://institutorubemalves.org.br/wp-content/uploads/2018/08/2000.05.19.pdf. Acesso em: 12 maio 2020.

- Comparando os encerramentos dos textos, identifique semelhanças e diferenças na função da conclusão de um texto argumentativo.
_____
_____
_____
_____
_____
_____

12 Leia.

Arionauro da Silva Santos. *Charge Eleições*, 31 mar. 2016. Disponível em: http://www.arionauro cartuns.com.br/search?q=elei%C3%A7%C3%B5es. Acesso em: 11 maio 2020.

a) Quem são os personagens retratados na charge?
_____
_____
_____

b) Quais elementos não verbais contribuem para que se perceba isso?
_____
_____
_____
_____
_____
_____

c) Qual é a crítica social apresentada tanto pela charge quanto pelo artigo de opinião?
_____
_____
_____

d) Na charge, a quem se destina a crítica?
_____
_____
_____
_____

TEXTO 2

Antes de ler

1 Observe o título, o nome do autor e a fonte da qual o texto foi retirado. Que ideia está implícita no título?

2 Qual informação vem logo depois do nome do autor?

3 Qual é o meio de divulgação do texto? Onde você localizou essa informação?

https://istoe.com.br/446409_AS+RUAS+DA+FOLIA+E+DOS+PROTESTOS/

EDITORIAL

AS RUAS DA FOLIA E DOS PROTESTOS

Bloco Galo da Madrugada. Recife, 2016.

Registrou-se a participação de 2,5 milhões de foliões no megabloco pernambucano "Galo da Madrugada", quase o equivalente à população inteira do Recife estava lá. Em Minas, mais de 1,6 milhão de pessoas seguiu atrás dos blocos "Papuda" e "Manjericão". Número semelhante de cariocas acompanhou o "Cordão do Bola Preta". São Paulo não ficou atrás: 380 blocos disputaram a preferência de cerca de dois milhões de animados participantes.

Por todo o País a mesma coisa. Foram muitos brasileiros – em bandos, organizados ou não, espontaneamente, sem convocação, alguns até pagando – às ruas para festejar os dias de Momo. Multidões comemorando e, por um breve momento, se esquecendo dos problemas do dia a dia. Justo envolvimento naquela que é a mais popular manifestação cultural de nosso povo.

A lamentar apenas que tal engajamento também não ocorra em momentos de protestos por causas, digamos, menos dionisíacas. A mobilização transformadora está longe de ser uma preferência nacional. Não ganha, nem de longe, tamanha quantidade de adeptos. E não porque os brasileiros deixem de apoiar suas bandeiras. Ao contrário. As pesquisas mostram intensa insatisfação com os rumos políticos, econômicos e sociais vividos por essas **paragens**, especialmente agora. Mas a marcha por direitos, a articulação por reivindicações de interesse comum, o envolvimento em pressões contra representantes que quebram promessas e desrespeitam o voto não combinam com a natureza pacífica de nosso povo.

Que não se confunda tal comportamento com resignação. É da índole ordeira, construída de geração em geração, através dos séculos. Não são ingênuos, nem alienados, aqueles que buscam uma válvula de escape para o festival de frustrações e **barbáries** enfrentadas cotidianamente. Como também não podem ser tomados como acomodados ou simpatizantes do **status quo** aqueles que deixam de ir às passeatas frequentemente em **voga**.

Bloco Manjericão. Minas Gerais, 2016.

Os políticos que ditam os caminhos da Nação até querem crer nessa possibilidade. Tendem a encarar os brasileiros como mera massa de manobra, simples seguidores que os apoiam em troca de nada, ou de muito pouco, fáceis de serem manipulados em seus currais eleitorais. Por isso desconsideram a vontade popular, fazem "o diabo", rasgam princípios republicanos e depois, em tempos de campanha, gastam milhões em propaganda enganosa, no *marketing* de vender mentiras, para **angariar** o precioso, e conjunturalmente decisivo, voto. Salvadores da pátria, falsos defensores dos pobres e oprimidos, aparecem aos montes. Se **arvoram** a condição de heróis para depois saquear o patrimônio público. Assistimos a esse enredo novamente, numa reprise extenuante. Na passarela do poder desfilam hoje figuras bisonhas da política brasileira, arlequins de cartola, farsantes de toda ordem, bufões da gatunagem, numa proporção assustadora, como nunca antes na história.

Está na hora de dar um basta no carnaval dos espertalhões. De botar pra fora o bloco dos larápios **contumazes**. De quebrar com o **paradigma** secular de aceitação do roubo como algo natural. A conscientização geral tem o poder de mudar o curso das coisas. Brasileiros, senhores de seu destino, precisam tomar as rédeas, voltar às ruas para estabelecerem de vez o rumo que almejam trilhar nos próximos anos. Basta considerar que se, coletivamente, são tão criativos e organizados para produzir tamanha demonstração de união e beleza durante o carnaval, podem decerto aplicar os mesmos princípios numa causa ainda mais nobre. A festa da democracia merece da mesma maneira uma forte adesão, para assim revitalizar a autoestima nacional.

Carlos José Marques, diretor editorial

Carlos José Marques. As ruas da folia e dos protestos. *IstoÉ*, São Paulo, ano 39, n. 2.410, p. 14-15, 17 fev. 2016. Disponível em: https://istoe.com.br/446409_AS+RUAS+DA+FOLIA+E+DOS+PROTESTOS/. Acesso em: 11 maio 2020.

Glossário

angariar: conseguir, obter.
arvorar: assumir um título ou posição por autoridade própria.
barbárie: ato de extrema violência.
contumaz: obstinado, insistente, costumeiro, habitual.
paradigma: que serve de modelo, padrão.
paragem: lugar, região.
status quo: expressão em latim que significa "estado em que as coisas se encontram".
voga: estar na moda, ser popular.

Interagindo com o editorial

1) Podemos afirmar que o tema do texto lido está relacionado a assuntos:
  a) carnavalescos.
  b) econômicos.
  c) políticos.
  d) publicitários.

2) Releia a seguir o primeiro e o segundo parágrafos do editorial.

> Registrou-se a participação de 2,5 milhões de foliões no megabloco pernambucano "Galo da Madrugada", quase o equivalente à população inteira do Recife estava lá. Em Minas, mais de 1,6 milhão de pessoas seguiu atrás dos blocos "Papuda" e "Manjericão". Número semelhante de cariocas acompanhou o "Cordão do Bola Preta". São Paulo não ficou atrás: 380 blocos disputaram a preferência de cerca de dois milhões de animados participantes.
>
> Por todo o País a mesma coisa. Foram muitos brasileiros – em bandos, organizados ou não, espontaneamente, sem convocação, alguns até pagando – às ruas para festejar os dias de Momo. Multidões comemorando e, por um breve momento, se esquecendo dos problemas do dia a dia. Justo envolvimento naquela que é a mais popular manifestação cultural de nosso povo.

- Nesses parágrafos, o autor descreve o cenário em que a população se mobiliza para participar do que ele chama de "a mais popular manifestação cultural de nosso povo". Essa manifestação cultural é:
  a) a Copa do Mundo de Futebol.
  b) o Carnaval.
  c) a Festa de Bumba Meu Boi.
  d) a Festa Junina.

Releia o terceiro parágrafo para responder às questões de **3** a **5**.

> A lamentar apenas que tal engajamento também não ocorra em momentos de protestos por causas, digamos, menos dionisíacas. A mobilização transformadora está longe de ser uma preferência nacional. Não ganha, nem de longe, tamanha quantidade de adeptos. E não porque os brasileiros deixem de apoiar suas bandeiras. Ao contrário. As pesquisas mostram intensa insatisfação com os rumos políticos, econômicos e sociais vividos por essas paragens, especialmente agora. Mas a marcha por direitos, a articulação por reivindicações de interesse comum, o envolvimento em pressões contra representantes que quebram promessas e desrespeitam o voto não combinam com a natureza pacífica de nosso povo.

3) Em relação aos dois parágrafos iniciais, esse trecho estabelece relação de:
  a) complementação.
  b) consequência.
  c) conclusão.
  d) contraposição.

4 No trecho, o autor utiliza a expressão "causas menos **dionisíacas**". Pesquise a palavra em destaque no dicionário e escreva abaixo seu significado. Em seguida, explique o porquê de o autor tê-la usado nesse contexto.

_____
_____
_____
_____

5 No terceiro parágrafo, o autor descreve a razão de o povo brasileiro não aderir com facilidade a mobilizações por seus direitos. Explique o motivo apontado pelo autor do editorial e, em seguida, posicione-se, concordando ou discordando desse ponto de vista.

_____
_____
_____

6 Releia o final do penúltimo parágrafo.

> Na passarela do poder desfilam hoje figuras bisonhas da política brasileira, arlequins de cartola, farsantes de toda ordem, bufões da gatunagem, numa proporção assustadora, como nunca antes na história.

Nesse trecho, o autor utiliza palavras e expressões de um contexto específico para descrever os políticos.

a) Com base nesse contexto, pesquise no dicionário o significado das palavras a seguir. Registre no quadro a forma como elas aparecem no dicionário e os sentidos que você encontrou.

bisonhas	
arlequins	
farsantes	
bufões	
gatunagem	

189

b) Explique por que as palavras indicadas no item anterior – normalmente utilizadas em outro contexto – foram empregadas no texto para descrever políticos.

_____
_____
_____
_____
_____
_____
_____
_____

c) Ao analisar o trecho, percebemos que o autor deixa de lado o contexto da alegria, que é característica do Carnaval, para destacar aspectos pejorativos associados à postura dos políticos. Nesse caso, pode-se perceber a intenção de:

☐ elogiar.

☐ comparar.

☐ ironizar.

☐ brincar com as palavras.

7 O **editorial** é um texto publicado, geralmente, na primeira página de jornais e revistas e não costuma ser assinado por um autor, diferentemente do artigo de opinião. Contudo, o editorial que você acabou de ler tem autoria conhecida.

• Qual é a função do jornalista que assinou esse editorial?
_____
_____

8 O texto foi escrito com o objetivo de:
a) informar aos leitores a situação política do país.
b) entreter o leitor, falando sobre Carnaval e política.
c) defender a política, comparando-a com o Carnaval.
d) argumentar sobre a condição política em que o país se encontra.

9 Os editoriais, geralmente, apresentam estrutura semelhante à dos artigos de opinião:

• Apresentação do tema e da tese (ideia principal).
• Uso de argumentos que fundamentam a tese.
• Conclusão.

- Associe essas características a cada parágrafo do editorial lido.

    1. Ideia principal **2.** Argumentos **3.** Conclusão

    ☐ 1º parágrafo   ☐ 3º parágrafo   ☐ 5º parágrafo

    ☐ 2º parágrafo   ☐ 4º parágrafo   ☐ 6º parágrafo

10 Observe as formas verbais empregadas ao longo do texto. É possível afirmar que o autor do editorial utilizou verbos predominantemente no presente do indicativo? Explique sua resposta.

_____
_____
_____
_____

11 Qual variante linguística o autor utilizou? Ela foi empregada de acordo com o registro formal ou o registro informal?

_____
_____

12 Associe as afirmações aos gêneros textuais em estudo.

I. Artigo de opinião   **II.** Editorial

☐ Apresenta vinculação temática com a atualidade.

☐ Sempre vem assinado.

☐ Em geral, não vem assinado.

☐ Contém um posicionamento individual sobre um assunto específico.

☐ Corresponde ao posicionamento oficial da corporação midiática responsável pelo veículo no qual o texto é publicado.

☐ Objetiva persuadir o leitor da veracidade do posicionamento apresentado.

> O **editorial** é um gênero jornalístico do tipo argumentativo que expressa a opinião de um veículo de comunicação. Em geral, insere-se na seção destinada à opinião, veiculando a posição do veículo midiático sobre determinado assunto da atualidade. A tese deve ser defendida com argumentos consistentes e sua linguagem deve estar adequada ao gênero, ao veículo de divulgação e ao perfil do público-alvo. Normalmente ele não vem assinado, pois representa a voz da corporação de mídia.

Governos e democracia

O conjunto de instituições políticas que permitem a organização para o exercício do poder do Estado chama-se **governo**. As regulações da disputa e do exercício do poder político são o objetivo desses órgãos.

A **democracia**, conhecida comumente como "governo do povo", é caracterizada por processos decisórios que representam mais fielmente a vontade da maioria das pessoas.

Preservar o sistema democrático e buscar a justiça social levam esses sistemas a preconizar direitos como: a liberdade para criar e participar de organizações; a tolerância para com as minorias; a defesa da liberdade de expressão; o sufrágio universal, com eleições livres, periódicas e transparentes; a garantia de direitos políticos; a garantia de acesso a fontes diversas de informação; e o combate à desigualdade social.

Língua e linguagem

Tipos de argumento

Para convencer o leitor de seu ponto de vista, o autor de um texto argumentativo deve mobilizar todo seu conhecimento sobre o tema abordado, assim como os recursos da língua mais apropriados para a construção da argumentação. Ele deve, também, articular suas ideias de maneira lógica e clara, fazendo com que o leitor o acompanhe em seu raciocínio e reflita sobre os aspectos considerados em sua explanação.

Dessa maneira, nesse tipo de texto, o autor expõe ideias, apresenta dados e discorre sobre determinado tema com a finalidade de apresentar seu ponto de vista e, persuasivamente, defender suas ideias. O leitor, por outro lado, precisa ter clareza dos recursos utilizados pelo autor para a construção da argumentação, pois somente dessa maneira poderá refletir criticamente sobre o ponto de vista exposto.

Veja exemplos de diferentes **estratégias argumentativas** para a elaboração de um texto argumentativo.

> **Estratégias argumentativas** são recursos utilizados para desenvolver os argumentos, de modo a convencer o leitor de um certo ponto de vista.

Apresentação de dados estatísticos, pesquisas ou fatos comprováveis

> Uma pesquisa inédita da consultoria paulistana Consumoteca com 3.000 jovens de 17 a 21 anos, de todas as regiões do país, mostra que três quartos deles não têm posição definida nem opinião formada sobre a orientação política. [...] Apesar de alheios aos polos ideológicos, a pesquisa revela uma juventude interessada nos rumos do país: 61% dizem seguir políticos em redes sociais e 58% afirmam defender alguma causa social publicamente.

Dados & Ideias – jovens estão mais engajados e independentes. *Exame*, São Paulo, 21 set. 2017. Disponível em: https://exame.com/revista-exame/uma-juventude-engajada-e-independente/. Acesso em: 10 maio 2020.

Apresentação de citações ou depoimentos de pessoas especializadas no assunto

> O professor de ciência política da Universidade de Brasília Antônio Flávio Testa criticou o "déficit de cidadania" do brasileiro e a facilidade com que a sociedade se desmobiliza. "Se a juventude se mantiver mobilizada e atuante, é possível fazer mudanças estruturais. Aqueles que virão para o Congresso tem de vir com compromisso de futuro", apontou.

Debatedores destacam importância da participação dos jovens para renovação política. *Câmara dos Deputados*. Brasília, DF, 13 dez. 2017. Disponível em: https://www.camara.leg.br/noticias/529848-debatedores-destacam-importancia-da-participacao-dos-jovens-para-renovacao-politica/. Acesso em: 10 maio 2020.

Apresentação de fatos históricos

> A juventude brasileira está inconformada com o país em que vive. [...] Já fez protestos em 2013, participando de passeatas contra o aumento das passagens de ônibus e a falta de serviços públicos de qualidade. Foram as maiores manifestações públicas da história do Brasil desde a campanha das Diretas Já e dos caras pintadas que levaram à renúncia do presidente Fernando Collor.

Sem os jovens, futuro da política é sombrio. *Estadão,* São Paulo, 6 jun. 2018. Disponível em: https://politica.estadao.com.br/blogs/fausto-macedo/sem-os-jovens-futuro-da-politica-e-sombrio/. Acesso em: 10 maio 2020.

Apresentação de fatos e exemplos

> Historicamente falando, a participação de jovens em questões políticas se mostrou muito efetiva. [...]
>
> Um bom exemplo dessa participação política da juventude são os protestos do movimento passe-livre. Ele teve início em 2013, em São Paulo, quando discutia-se o aumento do preço das passagens de ônibus. Nesse período, a tarifa da passagem de ônibus sofria, no estado de Goiás, um aumento do valor de R$ 2,20 para o acordo final de R$ 2,80.

"A participação da juventude na política é insuficiente", afirma jovem historiador. DM.COM.BR. [*S. l.*], 11 jan. 2016. Disponível em: https://www.dm.jor.br/politica/2016/01/a-participacao-da-juventude-na-politica-e-insuficiente-afirma-jovem-historiador/. Acesso em: 10 maio 2020.

Apresentação de pequenas narrativas ilustrativas

> [...] A história de vida de Sâmia iguala-se à de milhões de jovens brasileiros que na última década deixaram para trás a pobreza, conseguiram estudar e abriram seu próprio negócio.
>
> Filha de uma cobradora de ônibus, que nas horas vagas ainda arrumava tempo para fazer salgados para vender nas ruas de São Paulo, ela foi criada na favela, ficou anos longe do banco escolar, mas hoje estuda *marketing* e tornou-se uma pequena empreendedora. Criou um *blog* sobre como organizar festas de casamento com pouco dinheiro, o Casando Sem Grana.

Alan Rodrigues. O que os jovens pensam sobre a política. *IstoÉ,* São Paulo, 29 ago. 2014. Disponível em: https://istoe.com.br/380009_O+QUE+OS+JOVENS+PENSAM+SOBRE+A+POLITICA/. Acesso em: 10 maio 2020.

- O editorial que você leu foi elaborado levando em conta o poder argumentativo que o gênero demanda, por isso apresenta diferentes tipos de argumento. Retome o texto das páginas 186 e 187 e identifique trechos que exemplifiquem os tipos de argumentos a seguir.

    a) Causa e consequência.

    b) Exemplificação ou ilustração.

    c) Apresentação de dados.

    d) Senso comum.

Vamos comparar?

Artigo de opinião e editorial

1 Leia o mapa mental a seguir. Você pode consultá-lo sempre que quiser se lembrar dos elementos principais dos gêneros **Artigo de opinião** e **Editorial**.

2 Para compreender melhor a relação entre os gêneros estudados nesta unidade, bem como a tipologia e o campo de atuação a que pertencem, complete o quadro a seguir com o título e o gênero dos textos, de acordo com o objetivo comunicativo deles, ou seja, o objetivo principal para o qual foram escritos. Observe os ícones que acompanham os textos, indicando o campo de atuação a que pertencem.

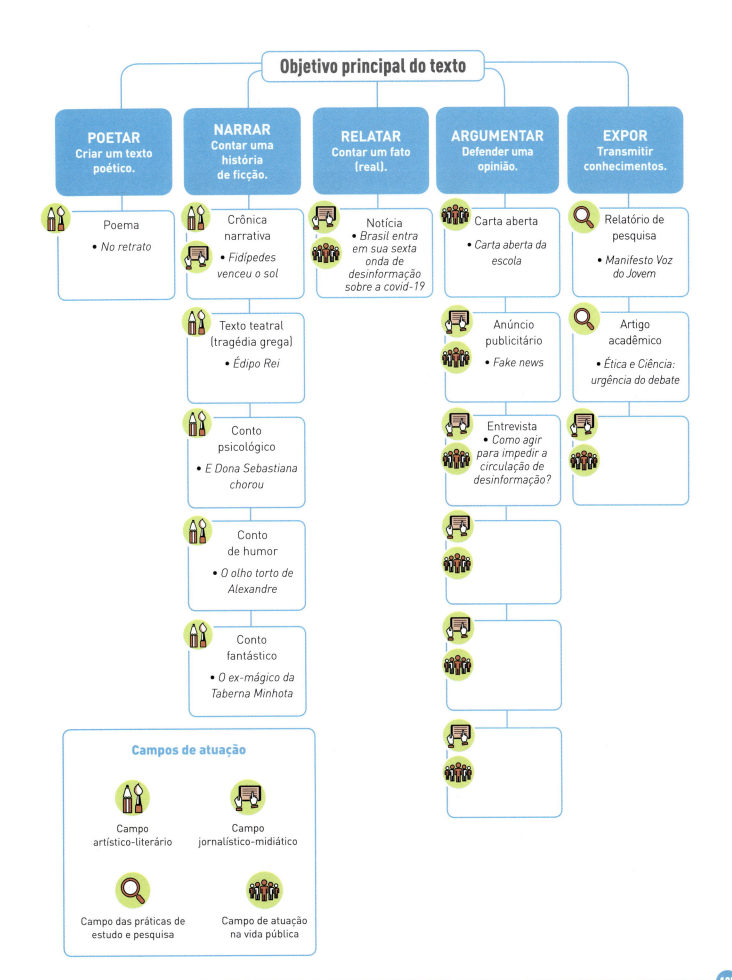

Oficina de produção escrita

Editorial

Embora com características estruturais semelhantes, os gêneros textuais que você estudou nesta unidade distinguem-se em um ponto importante: no artigo de opinião, o autor expõe seu ponto de vista; no editorial, a opinião explicitada no texto é a do meio de comunicação em que ele é veiculado.

Nesta seção, você escreverá um editorial em dupla com um colega.

PLANEJAR

1. O editorial que vocês vão escrever deverá responder ao posicionamento que encerra o **Texto 1**, *Os políticos e o povo*. Releia:

   > A OAB convida a sociedade a refletir sobre o poder do voto e sobre os políticos que exercem seus cargos escondidos atrás dos vidros escuros dos carros oficiais, a bordo de jatinhos e dentro de palácios bancados com dinheiro público, sem ouvir a voz da sociedade.
   >
   > É preciso também avaliar a postura dos que mudam suas propostas de campanha e, no curso dos mandatos, incluem agendas não aprovadas pelo povo, como a criação de impostos. Sobretudo ao longo deste ano eleitoral, é preciso mostrar que a sociedade não aceita mais esse tipo de descaso com o voto.

   - Na resposta que vocês vão escrever, assumindo o papel de jornalistas, deverão dizer se aceitam ou não o convite feito pelo autor.
   - Lembrem-se de que, além de um título criativo, o editorial de vocês deve apresentar:
     - uma tese;
     - argumentos que a sustentem;
     - uma conclusão que retome o ponto de vista adotado.

2. Com essas considerações em mente, sigam as orientações abaixo.
   - Releiam o artigo de opinião e o editorial apresentados nesta unidade.
   - Façam um levantamento das opiniões expressas nos textos.
   - Analisem essas opiniões, considerando se elas se posicionam a favor ou contra a tese apresentada em cada texto.
   - Elaborem uma tese para ser defendida.

3. Leiam, em livros, revistas ou na internet, um pouco mais sobre o tema apresentado nos dois textos: a relação entre o povo e a política. Lembrem-se de consultar fontes confiáveis.

4. Após a leitura, façam um levantamento de dados suficientes para fundamentar os argumentos favoráveis ou contrários à tese que vocês pretendem defender. Se acharem interessante, conversem com os colegas para saber o que eles pensam sobre o assunto.

PRODUZIR

5. Lembrem-se de que um editorial não é um texto extenso. Para organizar as informações levantadas, façam um rascunho, dividindo-o em três partes:
    - apresentação da tese;
    - apresentação dos argumentos que sustentam a tese e sua retomada;
    - apresentação de soluções e/ou perspectivas sobre o assunto.

6. Façam um levantamento das ideias e dos argumentos que decidiram enfatizar e iniciem a escrita do texto com a explanação da tese que querem defender. Lembrem-se de que o registro utilizado deve ser formal e a linguagem, clara e objetiva. Depois, sigam estas etapas:
    - Certifiquem-se de que a introdução do texto inclua o tema e a tese sustentada por vocês.
    - É importante garantir que os argumentos mostrem a validade do raciocínio que vocês desenvolveram. Tenham em mente que o objetivo é tentar persuadir o leitor em relação ao ponto de vista defendido.
    - Lembrem-se de apresentar fatos, citações, contraposições, exemplificações etc. que justifiquem o posicionamento adotado.
    - Para concluir, retomem a tese e apresentem soluções e sugestões.
    - Deem ao texto um título atraente e criativo.

7. Releiam o texto antes de entregá-lo ao professor.

COMPARTILHAR

8. Os temas dos dois textos desta unidade são bastante atuais e de interesse público, por isso é relevante que as produções da turma circulem na comunidade escolar e até mesmo fora dela.
    - De forma coletiva, definam o meio em que o texto circulará.
    - Determinem também a formatação mais adequada para o editorial: quais serão as cores e as fontes utilizadas e como será o *layout* do texto.
    - Todos os textos produzidos devem ser lidos na sala de aula, para que vocês selecionem juntos os editoriais que serão publicados/divulgados.

Oficina de produção oral

Podcast

Você gosta de ouvir *podcasts*? Eles são uma forma de compartilhar programas de rádio e de TV nos quais várias pessoas conversam sobre diferentes temas. O *podcast* é semelhante a um programa de rádio, mas fica gravado e pode ser acessado a qualquer hora.

Com base na pesquisa que você fez para a produção escrita, crie um *podcast* sobre política, que será compartilhado pelas redes sociais.

RECORDAR

1. Para recordar as principais características desse gênero, ouça o *podcast* "O voto como direito", do canal Politiquês, produzido pelo jornal *Nexo*.

Disponível em: https://open.spotify.com/episode/4cDKfchaQJK0yeRxTYCYcV?si=1WBLw-uFTRu4FLkHJyYuNA. Acesso em: 10 maio 2020.

2. Converse com os colegas sobre as características do *podcast*: o jeito de falar do locutor, a entonação, os efeitos sonoros etc.

PLANEJAR

3. Forme dupla com um colega para produzir um *podcast* sobre as formas como o jovem pode participar da vida política da comunidade, começando pela escola, passando depois pelo bairro e pela cidade.

4. Pesquisem informações complementares sobre as possibilidades de participação política juvenil antes do direito ao voto.

5. Convidem uma pessoa que tenha familiaridade com o tema, por exemplo: um professor de Geografia; um aluno do grêmio estudantil; o presidente da associação de moradores do bairro; entre outros.

6. Definam um lugar silencioso e fechado para não prejudicar a gravação. Utilizem um bom gravador ou um celular com boa captação de áudio.

7. Elaborem um roteiro com perguntas sobre pontos importantes a serem abordados na conversa. Lembrem-se de que o roteiro é apenas um guia. Durante a discussão, novas perguntas e aspectos podem surgir. Estejam preparados para improvisar, se necessário!

PRODUZIR

8. No dia e no horário combinados para a gravação do *podcast*, cheguem mais cedo ao local e organizem o espaço. Providenciem uma mesa de apoio, cadeiras confortáveis, equipamentos de gravação etc.
9. Comecem a gravação, apresentando o convidado. Em seguida, passem aos pontos do roteiro. Ao final, agradeçam a presença do participante.
10. O áudio final deverá ter entre 10 e 15 minutos.

REVISAR

11. Terminada a gravação, baixem o áudio utilizando um computador e ouçam-no para avaliar a qualidade da gravação e, sobretudo, da discussão. Caso seja necessário editar, utilizem um programa disponível na internet. Uma boa opção é o Audacity, disponível em: https://www.audacityteam.org/ (acesso em: 12 maio 2020).
12. Apresentem o áudio ao professor e aos colegas. Conversem sobre o que foi produzido, procurando observar as seguintes questões:
    - A discussão conseguiu abordar a temática proposta?
    - Os participantes foram apresentados?
    - A gravação está audível e as falas estão adequadas à situação comunicativa?
13. Caso necessário, façam alterações antes de divulgar o *podcast*.

COMPARTILHAR

14. O *podcast* poderá ser divulgado em um *site* criado pela turma ou em uma plataforma de *podcasts*. Compartilhem o *link* do *podcast* com seus amigos, familiares e a comunidade escolar nas redes sociais.

 Conheça

Livros
- *Eu também quero participar! Cidadania e política aqui e agora*, de Caia Amoroso e coordenação de Januária Cristina Alves. São Paulo: Moderna, 2014.
- *Jovens na política: animação e agenciamento do voto em campanhas eleitorais*, de Danyelle Nilin Gonçalves. São Paulo: Fontes, 2012.

Filme/Série
- *O candidato honesto 2*, de Roberto Santucci. 105 min., 2018.
- *Veep*, direção de Armando Iannucci, Tristram Shapeero e Christopher Morris, 2019.

Site/Podcast
- *Café da manhã – Folha de S.Paulo*. Disponível em: https://open.spotify.com/show/6WRTzGhq3uFxMrxHrHh1lo?si=1KezHg2PSdiDc1Zb2WcYjA.
- *Ação da Cidadania*. Disponível em: www.acaodacidadania.com.br. (Acessos em: 10 maio 2020.)

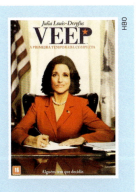

UNIDADE 8

No mundo do trabalho

Quem nunca teve que responder à pergunta "O que você quer ser quando crescer?". A quantidade de caminhos profissionais possíveis é cada vez maior e o mercado de trabalho acompanha a evolução da sociedade, que tem diferentes demandas em cada época. Profissões como as de despertador humano, acendedor de poste e telefonista, por exemplo, já não existem mais. Por outro lado, funções como gestor de resíduos, detetive de dados e alfaiate digital podem ser possibilidades no futuro.

E você, já pensou em qual profissão gostaria de ter? Os textos apresentados nesta unidade podem ajudar você a refletir sobre isso.

Boa leitura!

Observe a imagem e responda:
- Você sabe o que um meteorologista faz? Qual é a importância dessa profissão?
- Como as tecnologias digitais podem influenciar o mercado de trabalho?

O que você vai estudar?
Gêneros
- Reportagem
- Artigo de opinião

Língua e linguagem
- Regência verbal e regência nominal

O que você vai produzir?
Oficina de produção
- Artigo de opinião (escrito)
- Debate (oral)

Pesquisador em laboratório de meteorologia. São Paulo (SP), 2007.

TEXTO 1

 Antes de ler

1. Qual parece ser o assunto abordado no texto? Onde você encontrou essa informação?
2. De onde o texto foi retirado, ou seja, de que suporte textual?

Economia

EXPERIÊNCIA VALERÁ MAIS QUE FORMAÇÃO NA PRÓXIMA DÉCADA

Estudo da USP mapeia dez carreiras em ascensão e aponta que vivências do trabalhador terão mais peso que a profissão inicial

Talita Nascimento

Gorodenkoff/Shutterstock.com

O trabalho passa por uma mudança profunda e, nos próximos dez anos, essa transformação será radical, apontam especialistas. Flexibilidade para fazer a migração para uma outra carreira, disposição para viver novas experiências e capacidade de construir redes de contato devem se tornar cada vez mais importantes. E para quem se prepara para entrar no mercado de trabalho, esses atributos prometem valer mais que a própria "profissão".

Estudo do Escritório de Carreiras da USP (ECar) aponta que o mercado de trabalho caminha para se dividir em dez áreas, que podem envolver diversos tipos de profissionais (*ver quadro*). Em vez de uma formação padrão para trabalhar em cada uma das divisões mapeadas, a pesquisa indica que o trabalho do futuro passa pela combinação de conhecimentos.

No estudo, a palavra profissão não aparece. "Carreira é a sequência de experiências pessoais de trabalho ao longo do tempo. A gente vai transitando. Começa com uma formação inicial e vai fazendo migrações", diz Tania Casado, professora titular da FEA-USP e diretora do ECar. Nesse cenário, saber transitar entre diferentes setores e desenvolver habilidades que, a princípio, nada tinham a ver com seu ofício serão competências indispensáveis ao trabalhador.

Dentre as áreas identificadas está, por exemplo, a transformação digital. Ela deve englobar segmentos como *business intelligence*, responsável pelo processo de coleta, organização e análise de informações que dão suporte à gestão de uma empresa; *IoT*, área dos profissionais que cuidam da internet das coisas; e *big data*, setor de análise de dados.

"Os novos profissionais têm de aprender sempre. Tecnologias abrem novos espaços de trabalho e tornam irreais outros. Mesmo um profissional de TI já não vai mais poder se preparar para ser especialista em apenas uma linguagem de dados. Ele terá de estar atento às novidades", diz Tania.

Ricardo Basaglia, diretor-geral da Michael Page – empresa voltada para recrutamento e seleção –, chama a atenção para a quantidade de opções que os trabalhadores têm pela frente agora. "Com a expectativa de vida aumentando, a tendência é que os trabalhadores tenham de três a quatro carreiras. Nesse sentido, é muito importante seguir estudando e se atualizando", diz.

Foco. Na construção dessa nova postura no mercado de trabalho, o conceito de "carreira inteligente" se destaca. "Dentro desse conceito, é preciso saber os valores que te movem em uma carreira; como chegar aonde se almeja e quem pode te auxiliar. É o que chamamos de '*knowing why*, *knowing how*, *knowing whom*'", explica a diretora do projeto.

Para Fernando Mantovani, diretor-geral da Robert Half, empresa especializada em recrutamento e seleção, o futuro do mercado será marcado por duas características: a presença da tecnologia – em todas as áreas de atuação – e a necessidade de habilidades socioemocionais. Ele acredita que as organizações vão viver um choque de gerações e, para isso, o diálogo e a experimentação terão um papel ainda mais importante. "Tem uma mão de obra nova chegando ao mercado que tem uma relação diferente com o trabalho. As empresas vão ter de aprender a lidar com esses novos profissionais, que valorizam o bem-estar e condições mais humanas de trabalho", diz.

Glossário

big data: megadados.
business intelligence: inteligência empresarial.
IoT: internet das coisas.
knowing how: saber como.
knowing whom: saber quem.
knowing why: saber por quê.

NA WEB
Trabalho do Futuro. Confira o material completo
estadao.com.br/e/trabalhodofuturo

ÁREAS EM ASCENSÃO

- **SAÚDE** Envolve profissionais de várias especialidades. Carreira ganhará espaço com aumento da expectativa de vida
- **TRANSFORMAÇÃO DIGITAL** Tecnologias em *hardware* e *software* são locomotivas de mudança e devem criar novos mercados
- **SEGURANÇA** Na era da exposição, cresce a necessidade de proteção não só de bens materiais, mas também de ideias
- **EDUCAÇÃO** Área que se valoriza em um cenário de mudanças, devido à necessidade de aprendizado numa era de inovações
- **ENTRETENIMENTO** Alta é resultado de um modo de vida facilitado pela tecnologia, que permite haver mais tempo ocioso
- **INOVAÇÃO** Tradução de ideias ou invenção de produtos e serviços. Funciona como resposta à mudança da sociedade
- **INFRAESTRUTURA** Os movimentos migratórios para os grandes centros urbanos pedem soluções e demandam profissionais
- **ENERGIA** As constantes restrições ambientais e a redução de reservas naturais abrem novas demandas de trabalho
- **SOCIOAMBIENTAL** O momento do planeta e a necessidade de manutenção de condições favoráveis à vida são oportunidades
- **ÉTICA** Interação entre pessoas, trânsito de informações e concepções de certo e errado ampliam oportunidades

Talita Nascimento. Experiência valerá mais que formação na próxima década.
O Estado de S. Paulo, São Paulo, 19 jan. 2020. Economia, B8.

Quem é a autora?

Talita Nascimento é jornalista com experiência em cobertura na área de economia e política. Graduou-se pela Universidade de São Paulo. Trabalha também com produção audiovisual e se interessa por inovação, educação e direitos humanos.

Interagindo com a reportagem

1 Podemos dizer que o objetivo da reportagem é:

a) avaliar de maneira imparcial as principais vantagens das novas carreiras.

b) informar ao leitor dados sobre o futuro de algumas carreiras no mercado de trabalho.

c) opinar de forma clara e pessoal a respeito do futuro profissional dos brasileiros.

d) descrever o modo como a autora pensa que o tema das profissões deve ser tratado no futuro.

2 Releia a introdução da reportagem para responder à questão.

> O trabalho passa por uma mudança profunda e, nos próximos dez anos, essa transformação será radical, apontam especialistas. Flexibilidade para fazer a migração para uma outra carreira, disposição para viver novas experiências e capacidade de construir redes de contato devem se tornar cada vez mais importantes. E para quem se prepara para entrar no mercado de trabalho, esses atributos prometem valer mais que a própria "profissão".

- Por que a palavra **profissão** foi escrita entre aspas? Relacione sua resposta à ideia principal do texto.

3 Releia os trechos a seguir.

> Estudo do Escritório de Carreiras da USP (ECar) aponta que o mercado de trabalho caminha para se dividir em dez áreas, que podem envolver diversos tipos de profissionais [...]. Em vez de uma formação padrão para trabalhar em cada uma das divisões mapeadas, a pesquisa indica que o trabalho do futuro passa pela combinação de conhecimentos.
>
> No estudo, a palavra profissão não aparece. "Carreira é a sequência de experiências pessoais de trabalho ao longo do tempo. A gente vai transitando. Começa com uma formação inicial e vai fazendo migrações", diz Tania Casado, professora titular da FEA-USP e diretora do ECar. Nesse cenário, saber transitar entre diferentes setores e desenvolver habilidades que, a princípio, nada tinham a ver com seu ofício serão competências indispensáveis ao trabalhador.

- Informações, dados de pesquisa e pontos de vista diversos sobre um assunto são algumas das características de uma reportagem. No trecho, quais dessas características estão presentes?

_____

_____

_____

4. Assinale a alternativa **incorreta**.

• Entende-se que o mercado de trabalho do futuro requer que:

a) diferentes formações profissionais sejam combinadas e colocadas em prática.

b) os profissionais se ajustem às mudanças decorrentes do uso das tecnologias digitais.

c) as pessoas que têm carreiras consolidadas busquem estabilidade e um emprego seguro.

d) mudanças e adaptações sejam feitas, de acordo com o intercâmbio entre diferentes áreas.

> O principal objetivo da **reportagem**, gênero que circula na esfera jornalística-midiática, é informar fatos. Por isso, ela se aproxima da notícia em vários aspectos, como a presença de título, subtítulo, fotografias com legendas, depoimentos de pessoas entrevistadas e linguagem de acordo com a norma-padrão da língua.
>
> Contudo, a reportagem tende a apresentar informações mais aprofundadas que a notícia. Portanto, é comum a reportagem citar relatos e opiniões diversos, sejam de especialistas, sejam de pessoas diretamente envolvidas no evento relatado. Também contribui para essa ampliação típica da reportagem a presença de gráficos, infográficos e quadros com dados complementares.

5. Leia novamente.

> Na construção dessa nova postura no mercado de trabalho, o conceito de "carreira inteligente" se destaca. "Dentro desse conceito, é preciso saber os valores que te movem em uma carreira; como chegar aonde se almeja e quem pode te auxiliar. É o que chamamos de *'knowing why, knowing how, knowing whom'*", explica a diretora do projeto.

a) Explique com suas palavras o conceito de **carreira inteligente** utilizado no parágrafo acima. Consulte o glossário para acessar o sentido das expressões estrangeiras.

_____
_____
_____
_____
_____

b) Na fala da entrevistada, a quem o pronome pessoal **te** se refere?

_____
_____
_____

6 No trecho introduzido pelo subtítulo **Foco**, a autora apresenta fragmentos de entrevistas feitas a dois especialistas no assunto abordado. Releia esse trecho e, depois, escreva se as afirmativas abaixo são verdadeiras (**V**) ou falsas (**F**).

☐ As falas apresentadas se opõem, pois expressam diferentes pontos de vista sobre o mesmo assunto.

☐ O uso de termos técnicos e expressões em outro idioma demonstram o conhecimento especializado dos entrevistados.

☐ A explicação das expressões estrangeiras utilizadas por Tania Casado na própria fala contribui para facilitar o acesso do leitor às informações apresentadas.

☐ Fernando Mantovani defende que basta saber utilizar as tecnologias para alcançar projeção profissional.

7 As informações, as opiniões e os pontos de vista expressos na reportagem indicam que ela está direcionada a qual tipo de público? Assinale as alternativas possíveis.

a) Políticos que se interessam por leis trabalhistas.
b) Pessoas que pretendem ingressar no mercado de trabalho.
c) Economistas preocupados com os índices de desemprego.
d) Leitores interessados nas questões das carreiras do futuro.

8 Leia novamente o título e um dos trechos da reportagem, observando o tempo verbal utilizado.

> **Experiência valerá mais que formação na próxima década**
>
> *Estudo da USP mapeia dez carreiras em ascensão e aponta que vivências do trabalhador terão mais peso que a profissão inicial*
>
> O trabalho passa por uma mudança profunda e, nos próximos dez anos, essa transformação será radical, apontam especialistas.

a) Levando em consideração o trecho citado e a reportagem como um todo, responda: Qual é o tempo verbal predominante? Justifique sua resposta com exemplos.

_____
_____

b) Circule, no título e na linha fina, os verbos flexionados no futuro do presente. Que efeito de sentido eles expressam nesse contexto?

_____
_____
_____
_____

9 Nas reportagens, é comum o uso de recursos visuais que ilustrem o assunto abordado.

a) Quais desses recursos são utilizados no texto?

_____

_____

b) O quadro **Áreas em ascensão** tem o objetivo de:

☐ apresentar detalhes sobre as diferentes carreiras do futuro.

☐ informar e ilustrar quais são as mudanças esperadas para o futuro das profissões.

☐ listar as possibilidades de trabalho para os profissionais que chegarão ao mercado de trabalho.

☐ resumir as principais características das novas áreas em que o mercado de trabalho se organizará.

10 Observe novamente a fotografia e a legenda que a acompanha. A pessoa retratada não é citada no texto, mas exemplifica uma situação descrita na reportagem. Retire do texto uma passagem que comprova essa afirmação.

_____

_____

_____

_____

_____

_____

11 Sobre os aspectos linguísticos da reportagem, assinale a(s) alternativa(s) correta(s).

a) O registro empregado é:

☐ formal ☐ informal

b) A linguagem é:

☐ clara ☐ indireta ☐ subjetiva

☐ pessoal ☐ acessível ☐ objetiva

12 Uma boa reportagem deve apresentar opiniões e pontos de vista, que podem ser obtidos por meio de entrevistas ou depoimentos. Na reportagem em estudo há o depoimento de três pessoas. Para apresentar esses depoimentos, foi utilizado o discurso direto ou o discurso indireto?

_____

_____

TEXTO 2

Antes de ler

1 O texto a seguir foi publicado junto à reportagem lida anteriormente. Que aspecto do tema relacionado ao mercado de trabalho o texto parece abordar?

2 Leia o boxe sobre o autor do texto. Por que você acha que ele escreveu sobre esse tema?

O filme **O exterminador do futuro**, lançado em 1984 e com o ator Arnold Schwarzenegger no papel principal, trata de um sistema de inteligência artificial que pretende destruir a Terra.

---

https://www.estadao.com.br/infograficos/economia,chave-esta-nas-pessoas-nao-na-tecnologia,1069359

ECONOMIA

Chave está nas pessoas não na tecnologia

As ameaças ao fim da humanidade e o controle absoluto das máquinas servem apenas como parâmetro do que não está acontecendo

Glauco Arbix
19 de janeiro de 2020 | 06h00

Variações demográficas, os mercados e o perfil da economia promoverem, ao longo da história, profundas transformações na natureza do trabalho. A tecnologia quase sempre esteve na linha de frente dessas mudanças. O que distingue a época atual é que vivemos o nascimento de uma constelação de tecnologias que prenuncia a remodelagem da vida das pessoas, das economias, das cidades e do trabalho em níveis inéditos na história da humanidade.

Nada a ver com a última versão do Exterminador do futuro. As ameaças ao fim da humanidade e o controle absoluto das máquinas servem apenas como parâmetro do que não está acontecendo. A rápida evolução da inteligência artificial, que se configura como a principal alavanca de uma sociedade digital, teve seu desenvolvimento acelerado nos últimos 10 anos graças ao imenso volume de dados disponível e dos avanços inéditos de mecanismos de sua coleta, armazenagem e processamento.

A sofisticação das técnicas de Machine Learning (ML) tem patrocinado incríveis avanços na saúde, na educação, no lazer, na economia e em todos os poros da vida em sociedade. É a aprendizagem de máquina (ML) que está na raiz do sucesso da inteligência artificial e que tem nos dados sua fonte de energia.

As novas tecnologias afetam tarefas, não apenas os empregos. A digitalização da economia e da sociedade, que recém começou, muda a qualidade do que e do como as pessoas fazem no trabalho, transformado em um consórcio de tarefas em constante mutação. Por isso os programas de treinamento mostram-se insuficientes para promover a migração de trabalhadores para áreas de maior produtividade. Além disso, as novas tecnologias invadem também o espaço reservado aos profissionais mais qualificados, contrariando o senso comum. Advogados, jornalistas, técnicos, gerentes começam a ter seu emprego ameaçado, para além da tradicional base da pirâmide. A internet e a economia virtual, com seus aplicativos e plataformas on-line, aumentaram a fragmentação do trabalho e questionaram os tradicionais conceitos legais, funcionais e espaciais. Empregos são segmentados em projetos que podem ser terceirizados para empresas ou especialistas. Além do trabalho, os ambientes tendem a se tornar temporários. E bens pessoais são agora incorporados ao processo de trabalho como carros, bicicletas, casas, cômodos, motos e patinetes. São ferramentas de uma atividade pública.

https://www.estadao.com.br/infograficos/economia,chave-esta-nas-pessoas-nao-na-tecnologia,1069359

É o trabalho que perde o padrão, torna-se um fora da lei e alvo de infindáveis disputas legais. Pesquisas recentes indicam que essa informalidade tende a se consolidar, apesar de inicialmente ter sido vista como trampolim para o mercado de trabalho regular. Claro, continua sendo alternativa para desemprego. Mas com todas as consequências que salários menores, baixa cobertura previdenciária, ausência de férias podem acarretar para as pessoas.

E com as dificuldades que a informalidade traz para a reconfiguração do trabalho promovida por tecnologias inovadoras que, como regra, tendem a combinar habilidades mais embebidas de conhecimento e mais flexíveis para se adaptar às mudanças. Aqui reside o drama da baixa qualificação dos trabalhadores brasileiros para a elevação da competitividade do país. O ritmo da digitalização, da automação e da integração da economia certamente será menor e mais instável aqui no Brasil.

Ou seja, a transição para um patamar superior será certamente mais penosa, dado o nosso atraso tecnológico e a baixa qualidade da nossa educação.

As mudanças também reforçam a busca de maior capacidade cognitiva da força de trabalho, dado o aumento substantivo das interações entre humanos e as máquinas. Razões que levaram especialistas ao conceito de simbiose, para explicar a formação de novas ocupações e profissões híbridas, que mesclam competências hoje em áreas distintas como a matemática e a filosofia, a química e a antropologia, a sociologia, a computação. Estudos preveem que 70% dos alunos que estão hoje na pré-escola trabalharão em ocupações hoje inexistentes, relacionadas à robótica, nanotecnologia, computação quântica, genômica e inteligência artificial.

Ganham força as habilidades de julgamento e decisão, de criatividade e gestão de pessoas, de negociação e inteligência emocional. Essas são características que as máquinas não têm e que definem interações em que a tecnologia não é a chave, os humanos é que são.

Glauco Arbix. Chave está nas pessoas não na tecnologia. *O Estado de S. Paulo*, São Paulo, 19 jan. 2020. Disponível em: https://www.estadao.com.br/infograficos/economia, chave-esta-nas-pessoas-nao-na-tecnologia,1069359. Acesso em: 14 maio 2020.

Glossário

cognitivo: intelectivo, mental.
consolidar: alicerçar, estabelecer.
consórcio: associação, ligação.
distinguir: diferenciar, particularizar.
híbrido: miscigenado, heterogêneo.
parâmetro: modelo, padrão.
prenunciar: anunciar antecipadamente.
previdenciário: relativo ao programa de serviço público que protege contra riscos econômicos.
simbiose: interação, vínculo.

Quem é o autor?

Glauco Antonio Truzzi Arbix (1952-) nasceu na cidade de Americana (SP). Foi presidente do Instituto de Pesquisa Econômica Aplicada (Ipea) e da Financiadora de Inovação e Pesquisa (Finep). Atualmente, é professor titular de Sociologia na Universidade de São Paulo (USP), com especialidade em Teoria da Inovação e Sociologia Econômica, e coordenador do Observatório de Inovação do Instituto de Estudos Avançados (OIC/USP).

Interagindo com o artigo de opinião

1 Leia novamente a introdução do artigo.

> **Chave está nas pessoas não na tecnologia**
>
> *As ameaças ao fim da humanidade e o controle absoluto das máquinas servem apenas como parâmetro do que não está acontecendo*
>
> Variações demográficas, os mercados e o perfil da economia promoveram, ao longo da história, profundas transformações na natureza do trabalho. A tecnologia quase sempre esteve na linha de frente dessas mudanças. O que distingue a época atual é que vivemos o nascimento de uma constelação de tecnologias que prenuncia a remodelagem da vida das pessoas, das economias, das cidades e do trabalho em níveis inéditos na história da humanidade.

> **Tese** é a síntese da opinião defendida pelo autor.

a) Tanto no título como na introdução, o autor afirma que as mudanças são uma constante no mundo, entretanto, as transformações atuais chamam a atenção. Explique a **tese** do autor.

_____
_____
_____
_____

> Em textos impressos da esfera jornalística, é comum a apresentação de título e subtítulo, também denominado **linha fina**. O subtítulo retoma e amplia a informação apresentada no título.

b) Na **linha fina**, explique o que o autor afirma que "não está acontecendo".

_____
_____
_____
_____
_____

2 Compare a introdução com o parágrafo final.

> Ganham força as habilidades de julgamento e decisão, de criatividade e gestão de pessoas, de negociação e inteligência emocional. Essas são características que as máquinas não têm e que definem interações em que a tecnologia não é a chave, os humanos é que são.

- De que maneira a tese é retomada na conclusão do artigo?

_____
_____
_____

3 O título e o subtítulo do texto só **não** podem ser entendidos como
a) recursos usados para indicar o assunto abordado no texto.
b) recursos usados para indicar o ponto de vista defendido pelo autor.
c) elementos criativos que fazem referência metafórica para chamar a atenção do leitor.
d) elementos difíceis de entender, por não tratarem claramente do assunto do texto.

> A finalidade comunicativa do **artigo de opinião** é argumentar, por isso o texto apresenta uma tese e argumentos que servem para fundamentá-la. O autor expõe ideias, apresenta dados e discorre sobre determinado tema com a finalidade de apresentar seu ponto de vista e, persuasivamente, defender suas ideias. É imprescindível que o leitor, por outro lado, entenda os recursos utilizados pelo autor para a construção da argumentação para poder refletir criticamente sobre o ponto de vista exposto.

4 Que estratégia argumentativa se evidencia nos trechos destacados a seguir?

a)
> Nada a ver com a última versão do *Exterminador do futuro*. As ameaças ao fim da humanidade e o controle absoluto das máquinas servem apenas como parâmetro do que não está acontecendo.

b)
> Pesquisas recentes indicam que essa informalidade tende a se consolidar, apesar de inicialmente ter sido vista como trampolim para o mercado de trabalho regular. Claro, continua sendo alternativa para desemprego. Mas com todas as consequências que salários menores, baixa cobertura previdenciária, ausência de férias podem acarretar para as pessoas.

c)
> Estudos preveem que 70% dos alunos que estão hoje na pré-escola trabalharão em ocupações hoje inexistentes, relacionadas à robótica, nanotecnologia, computação quântica, genômica e inteligência artificial.

> **Estratégias argumentativas** são recursos utilizados para desenvolver argumentos em defesa da tese. O objetivo delas é convencer o leitor. São exemplos de estratégias argumentativas: apresentação de dados estatísticos; citação de pesquisas; comparação; apresentação de depoimentos (discurso direto ou indireto); referência a fatos históricos; exemplificação; narração de pequenas histórias ou relatos.

5 Volte ao artigo, numere os parágrafos e observe sua estrutura, ou seja, a forma de organização do texto.

> O artigo de opinião geralmente se estrutura da seguinte forma:
> **Introdução**: o autor contextualiza o tema e apresenta a tese argumentativa.
> **Desenvolvimento**: corresponde à apresentação dos argumentos que sustentam o ponto de vista apresentado.
> **Conclusão**: o autor retoma a tese, sintetiza os pontos centrais da discussão, propõe intervenções etc.

- Indique a que parágrafos cada parte corresponde.

    Introdução _____

    Desenvolvimento _____

    Conclusão _____

6 As expressões destacadas a seguir têm sentido metafórico.

a) Explique o sentido de cada uma.

> A tecnologia quase sempre esteve na **linha de frente** dessas mudanças

> [...] vivemos o nascimento de uma **constelação** de tecnologias [...].

> A rápida evolução da inteligência artificial, que se configura como a principal **alavanca** de uma sociedade digital [...].

> É a aprendizagem de máquina (ML) que **está na raiz** do sucesso da inteligência artificial [...]

> Pesquisas recentes indicam que essa informalidade tende a se consolidar, apesar de inicialmente ter sido vista como **trampolim** para o mercado de trabalho regular.

b) (atividade oral) Por que elas foram empregadas no artigo de opinião? Que efeito de sentido o recurso provoca?

7 Pesquise o significado de *machine learning*, conceito apresentado pelo autor do texto, e crie uma definição para ele. Lembre-se de que a explicação deve ser clara e compreensível para os leitores do artigo de opinião.

_____
_____
_____
_____
_____

8 Leia novamente o quarto parágrafo. Em seguida, levando em conta informações do texto e seu conhecimento de mundo, complete o quadro com exemplos de atividades profissionais que ilustram os impactos que, segundo o autor, a tecnologia tem provocado no mercado de trabalho.

Impactos da tecnologia no mercado de trabalho	Exemplos
"A internet e a economia virtual, com seus aplicativos e plataformas *on-line*, aumentaram a fragmentação do trabalho e questionaram os tradicionais conceitos legais, funcionais e espaciais."	
"E bens pessoais são agora incorporados ao processo de trabalho como carros, bicicletas, casas, cômodos, motos e patinetes. São ferramentas de uma atividade pública."	

9 Leia novamente.

> As novas tecnologias afetam tarefas, não apenas os empregos. A digitalização da economia e da sociedade, que recém começou, muda a qualidade do que e do como as pessoas fazem no trabalho, transformado em um consórcio de tarefas em constante mutação. Por isso os programas de treinamento mostram-se insuficientes para promover a migração de trabalhadores para áreas de maior produtividade.

- Por que, na visão do articulista, os programas de treinamento mostram-se insuficientes no cenário contemporâneo do trabalho?

_____
_____
_____
_____

10 Apesar da presença vigorosa das máquinas no mundo do trabalho, no parágrafo final o articulista aponta aspectos decisivos para o bom aproveitamento do contexto.

- Que aspectos são esses? Eles deixam implícitas quais capacidades?

_____
_____
_____
_____

11 No trecho a seguir, o autor situa a discussão na realidade brasileira. Releia:

> E com as dificuldades que a informalidade traz para a reconfiguração do trabalho promovida por tecnologias inovadoras que, como regra, tendem a combinar habilidades mais embebidas de conhecimento e mais flexíveis para se adaptar às mudanças. Aqui reside o drama da baixa qualificação dos trabalhadores brasileiros para a elevação da competitividade do país. O ritmo da digitalização, da automação e da integração da economia certamente será menor e mais instável aqui no Brasil.
>
> Ou seja, a transição para um patamar superior será certamente mais penosa, dado o nosso atraso tecnológico e a baixa qualidade da nossa educação.

a) Diante das novas configurações do cenário do trabalho, como Glauco Arbix avalia o desempenho do Brasil?

_____
_____
_____
_____

b) Compare o ponto de vista defendido pelo autor do artigo com o de um dos entrevistados citados no final da reportagem. Em seguida, explique se o ponto de vista do entrevistado é semelhante ou não ao do ponto de vista do autor.

> Para Fernando Mantovani, diretor-geral da Robert Half, empresa especializada em recrutamento e seleção, o futuro do mercado será marcado por duas características: a presença da tecnologia – em todas as áreas de atuação – e a necessidade de habilidades socioemocionais. Ele acredita que as organizações vão viver um choque de gerações e, para isso, o diálogo e a experimentação terão um papel ainda mais importante.

_____
_____
_____

c) Na sua opinião, o que deve mudar na formação dos estudantes brasileiros para que eles estejam preparados para a inserção em um mercado de trabalho em mutação, como os textos apontam?

_____
_____
_____

12 Releia o excerto a seguir.

> Nada a ver com a última versão do *Exterminador do futuro*. As ameaças ao fim da humanidade e o controle absoluto das máquinas servem apenas como parâmetro do que não está acontecendo.

a) Nesse trecho, há uma marca de discurso menos formal. Qual?
_____

b) Qual é a intenção comunicativa do autor ao mencionar um filme no segundo parágrafo do texto?
_____
_____
_____

13 A quem se destina o texto de Glauco Arbix?
_____
_____
_____

Qual é a origem da palavra "trabalho"?

A origem da palavra **trabalho** está relacionada a contextos de formação cultural diversos. Nas diferentes línguas, ela apresenta acepções que correspondem a visões de mundo das sociedades que a empregavam.

Nas línguas latinas, por exemplo, há duas origens para o termo:
- Do latim *tripalium* surgiram as palavras "trabalho" (português), *travail* (francês) e *trabajo* (espanhol). O *tripalium* era um instrumento usado para fustigar os escravos e os empobrecidos, indicando a ideia de maus-tratos e tortura.
- Do italiano *laborem* surgiu a palavra *lavoro*, cujo significado está relacionado a cansaço, fadiga.

Em hebraico, a palavra que designa trabalho é *avodah*. Originalmente, o uso do termo estava ligado a práticas religiosas, indicando culto e adoração a Deus; porém, não estava atrelada apenas às profissões, mas também ao conjunto de elementos que compõem a vida humana.

Ergon, do grego, vincula-se à ideia de negócio, emprego, ocupação. Além disso, abarca tudo aquilo que alguém se dedica a fazer e/ou realizar por meio de seu empenho. O termo traz uma noção de capacidade criativa, em oposição ao trabalho braçal, que, nessa língua, correspondia a *ponosi*.

215

Língua e linguagem

Regência verbal e regência nominal

1 Releia o trecho a seguir. Em seguida, leia a síntese para recordar o conceito de **regência**.

> "Tecnologias **abrem** novos espaços de trabalho e **tornam** irreais outros postos. Mesmo um profissional de TI já não vai mais poder **se preparar** para ser especialista em apenas uma linguagem de dados. Ele terá de estar atento às novidades", diz Tania.

- Os verbos destacados classificam-se de modos diferentes quanto à **transitividade verbal**:
    — Os verbos **abrir** e **tornar** são transitivos diretos e seus complementos não necessitam de preposição.
    — O verbo **(se) preparar** é transitivo indireto e necessita de uma preposição para introduzir o complemento verbal.

A relação que se estabelece entre duas palavras quando uma se subordina à outra é denominada **regência**. Quando o verbo é o termo principal dessa relação, dizemos que ele rege o outro termo, que, por sua vez, é regido por ele. Trata-se da **regência verbal**. Nesse caso, o complemento verbal pode ser o **objeto indireto**, marcado pelo uso de preposição, ou o **objeto direto**, em que a preposição não é necessária. Observe:

2 Observe os termos destacados no trecho abaixo.

> Aqui reside o **drama** da baixa qualificação dos trabalhadores brasileiros para a **elevação** da competitividade do país.

Drama e **elevação** são substantivos abstratos.

Quando os termos regentes são **nomes** (substantivos, adjetivos ou advérbios), temos a **regência nominal**. Nesse caso, a relação entre os nomes e os complementos nominais é estabelecida por uma preposição. Observe:

> Aqui reside o **drama** da baixa qualificação dos trabalhadores
> ↓
> complemento nominal
>
> brasileiros para a **elevação** da competitividade do país.
> ↓
> complemento nominal

3 Sublinhe os complementos dos termos destacados e indique se são complementos verbais **(CV)** ou complementos nominais **(CN)**.

☐ "A internet e a economia virtual, com seus aplicativos e plataformas *on-line*, aumentaram a **fragmentação** do trabalho e questionaram os tradicionais conceitos legais, funcionais e espaciais."

☐ "E com as dificuldades que a informalidade traz para a **reconfiguração** do trabalho promovida por tecnologias inovadoras [...]."

☐ "É o trabalho que **perde** o padrão, torna-se um fora da lei e alvo de infindáveis disputas legais."

☐ Estudos preveem que 70% dos alunos que estão hoje na pré-escola **trabalharão** em ocupações hoje inexistentes, relacionadas à robótica, nanotecnologia, computação quântica, genômica e inteligência artificial.

4 Pesquise a regência dos verbos destacados. Complete os períodos a seguir com um artigo ou uma preposição, de acordo com a regência verbal e o sentido dos verbos.

a) É interessante **se lembrar** _____ importância de atualização constante de conhecimentos.

b) É importante **lembrar** _____ importância de atualização constante de conhecimentos.

c) O mercado de trabalho **prefere** pessoas criativas _____ profissionais de formação conservadora.

d) **Chegar** _____ uma posição de prestígio é um processo que depende da formação pessoal e intelectual.

Vamos comparar?

Reportagem e artigo de opinião

1 Leia o mapa mental a seguir. Você pode consultá-lo sempre que quiser se lembrar dos elementos principais dos gêneros **Reportagem** e **Artigo de opinião**.

2 Para compreender melhor a relação entre os gêneros estudados nesta unidade, bem como a tipologia e o campo de atuação a que pertencem, complete o quadro a seguir com o título e o gênero dos textos, de acordo com o objetivo comunicativo deles, ou seja, o objetivo principal para o qual foram escritos. Observe os ícones que acompanham os textos, indicando o campo de atuação a que pertencem.

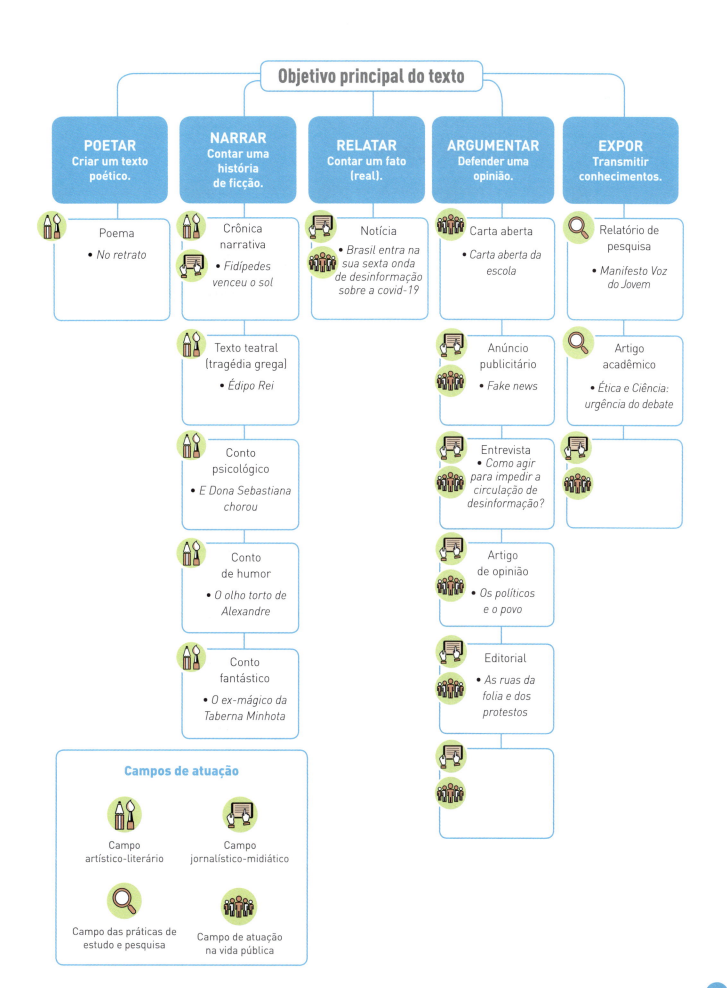

Oficina de produção escrita

Artigo de opinião

Embora tenham características distintas, os gêneros textuais que você estudou nesta unidade se complementam. A reportagem, geralmente, traz informações de que o autor de um artigo de opinião precisa para elaborar um bom texto.

Em outras palavras, a reportagem apresenta informações e dados objetivos a respeito de determinado assunto, ao passo que o artigo de opinião expõe um ponto de vista sobre o tema.

Nesta oficina de produção, você vai escrever um artigo de opinião sobre o tema **O futuro do trabalho**.

Mas antes vamos relembrar as principais características desse gênero textual.

RECORDAR

1. Os artigos de opinião têm por base uma tese, isto é, um ponto de vista a ser defendido sobre o tema apresentado no texto.

2. A principal finalidade comunicativa de um artigo de opinião é defender um posicionamento sobre o tema em discussão.

3. Para a defesa da tese, o autor pode apresentar diversos argumentos.

PLANEJAR

4. Lembre-se de que o tema proposto não é o título do texto; ele apenas delimita o foco do que será escrito.

5. Faça um levantamento de fontes que abordam o tema sobre o qual você vai escrever. Para isso, você pode pesquisar em livros, revistas e/ou na internet, na biblioteca da escola ou em casa.

6. Escolha as estratégias argumentativas que serão utilizadas para desenvolver argumentos em defesa da tese:
    - apresentação de dados estatísticos;
    - citação de pesquisas;
    - comparação;
    - apresentação de depoimentos (discurso direto ou indireto);
    - referência a fatos históricos;
    - exemplificação;
    - narração de pequenas histórias ou relatos.

7. Além da pesquisa, entreviste pessoas que, em sua opinião, podem apresentar opiniões interessantes sobre o assunto.

8. Grave com o celular ou um gravador as entrevistas realizadas. Depois, em casa, transcreva o áudio para o caderno.

9. Elabore uma tese para o tema, ou seja, pense no ponto de vista que vai defender.

10. Faça uma lista de dados para fundamentar sua tese e dos argumentos que pretende usar para embasá-la.

PRODUZIR

11. Organize os dados obtidos nas pesquisas, além das ideias e dos argumentos nos quais você pensou. Use uma folha de papel diferente daquela em que fará o rascunho.

12. Estabeleça uma relação entre os dados, os argumentos e a tese. Compare as informações e selecione exemplos e citações que possam ajudá-lo na construção dos argumentos. Lembre-se de que seu texto deve ter três partes:
    - introdução (contextualização do tema e apresentação da tese);
    - desenvolvimento (apresentação dos argumentos que sustentam a tese);
    - conclusão (retomada da tese e apresentação de perspectivas para o tema).

13. Pensando na tese defendida, escreva um título e um subtítulo. Seja criativo para despertar no leitor a vontade ler o texto.

COMPARTILHAR

14. Para garantir a clareza e a presença das principais características do gênero trabalhado, o texto deverá ser revisado antes de ser divulgado ao público. A reescrita também é importante para que você desenvolva autocrítica em relação à própria escrita e aprimore-se cada vez mais. Para isso, siga os passos abaixo:
    - Releia o texto para verificar se ele está claro e se seus argumentos têm lógica.
    - Troque de texto com um colega. Leia o artigo dele e peça-lhe que ele leia o seu. No momento da leitura da tese do colega, verifique se é possível identificar um ponto de vista (tese) logo no início do texto e se os argumentos utilizados por ele estão coerentes com a tese proposta.

15. Depois da leitura crítica de seu colega, faça os ajustes necessários no texto. Depois, passe-o a limpo e entregue-o ao professor, para que ele também faça uma revisão, antes de preparar a versão final para ser exposta em um painel na escola.

Oficina de produção oral

Debate

Depois de conhecer dois gêneros jornalísticos, a reportagem, que faz um relato da realidade, e o artigo de opinião, que defende um ponto de vista, é hora de trabalhar com um gênero argumentativo com base em dados da realidade. Por isso, nesta produção, você e seus colegas vão organizar um debate em sala de aula.

RECORDAR

1. No dia a dia, é comum conversarmos com os colegas e defendermos uma opinião. Mas isso deve ser feito com o uso de bons argumentos e linguagem objetiva. Essa exposição de contrapontos pode ser feita em um debate oral.

2. Assistam ao vídeo "Em Manaus, Semana Nacional da Aprendizagem debate o trabalho infantil", realizado pelo programa *Bom Dia, Amazônia*, da Rede Globo, que apresenta um debate sobre o trabalho infantil e a contratação de jovens aprendizes.

Frame do programa *Bom Dia Amazônia* da Rede Amazônica com debate sobre trabalho infantil e contratação de jovens e aprendizes. Disponível em: https://globoplay.globo.com/v/7853388/. Acesso em: 7 jul. 2020.

3. Com o auxílio do professor, observem algumas características do gênero **debate** presentes no vídeo.

PLANEJAR

4. A turma será organizada em dois grupos, com a mesma quantidade de integrantes, para um debate cujo tema é:
   - No futuro, os seres humanos vão perder o emprego para as tecnologias?

5. Um dos grupos defenderá o aumento do desemprego por causa das tecnologias e o outro apresentará argumentos que provem que o ser humano pode conviver com as tecnologias no mercado de trabalho.

6. A fim de se preparar para o debate, pesquisem informações sobre o tema em diferentes meios: jornais, revistas, livros, *sites* etc.

7. Após a coleta e a troca de informações entre os componentes do grupo, comecem a preparar a argumentação. Pensem também nos contra-argumentos, ou seja, nas possíveis formas de responder e confrontar a opinião e os argumentos do outro grupo.

8. Trabalhem na apresentação oral.

- Treinem em casa e peçam a alguém de sua família que avalie sua apresentação. Vocês precisam ser claros e objetivos e demonstrar segurança sobre o que estão falando.
- Lembrem-se de que o tempo das falas é curto e será determinado pelo mediador.
- Empreguem a variante formal da língua, evitando excesso de informalidade e coloquialismo e o uso de gírias.

9. Definam quem fará a mediação (um aluno, o professor da disciplina ou um convidado).
10. A pessoa que mediar o debate também deverá estar bem preparada e ter informações sobre o tema. Além disso, o mediador deverá estabelecer, com a turma, as regras para o debate: tempo para exposição, réplicas e tréplicas; sinal para o término da explanação etc.

PRODUZIR

11. O debate pode ocorrer na sala de aula ou em outro espaço da escola. Se possível, providenciem um cronômetro e o coloquem em um local onde todos possam ver e monitorar o tempo.
12. O mediador dará a palavra ao orador de um dos grupos e, em seguida, o tempo para a réplica do orador do outro; em seguida, pode haver uma tréplica do primeiro grupo. O mediador deve marcar o tempo de cada explanação e sinalizar para o orador quando finalizar a fala, alguns segundos antes do término do tempo.
13. Após o debate, cada grupo poderá apresentar um resumo da opinião defendida.

REVISAR E COMPARTILHAR

14. A turma pode se organizar para filmar o debate. O vídeo pode ser disponibilizado nas redes sociais ou no *site* da escola (se houver).

 Conheça

Livros
- *Carreiras*: guia ilustrado para escolher a profissão certa, de Sarah Pawlewski. São Paulo: Senac, 2017.
- *Profissões do futuro*, de Sidnei Oliveira. São Paulo: Integrare, 2015.

Sites/Podcasts
- Mundo Senai – Guia de profissões. Disponível em: https://www.mundosenai.com.br/profissoes/. Acesso em: 20 maio 2020.
- Profissões com Luiz Bello. Disponível em: https://open.spotify.com/show/6gUCYpuM8tBpEul5XfW4a0?si=akd0DUEGSH2_AJiOtjx0Eg. (Acessos em: 20 maio 2020.)

Editora Senac

Referências

ANTUNES, Irandé. *Lutar com palavras*: coesão e coerência. São Paulo: Parábola Editorial, 2005.

AZEREDO, José Carlos. *Fundamentos de gramática do português*. 3. ed. rev. Rio de Janeiro: Zahar, 2010.

BAGNO, Marcos. *Preconceito linguístico*: o que é, como se faz. São Paulo: Loyola, 2011.

BAKHTIN, Mikhail. *Estética da criação verbal*. São Paulo: Martins Fontes, 2000.

BAZERMAN, Charles. *Gêneros textuais, tipificação e interação*. 4. ed. São Paulo: Cortez, 2011.

BECHARA, Evanildo. *Moderna gramática brasileira*. 38. ed. Rio de Janeiro: Lucerna, 2015.

BRASIL. Ministério da Educação. *Base Nacional Comum Curricular*. Brasília: MEC, 2018. Disponível em: http://basenacionalcomum.mec.gov.br/. Acesso em: 3 mar. 2020.

BRONCKART, Jean-Paul. *Atividade de linguagem, textos e discursos*: por um interacionismo sociodiscursivo. São Paulo: Educ, 1999.

CASTILHO, Ataliba Teixeira de. *Nova gramática do português brasileiro*. São Paulo: Contexto, 2010.

COSTA, Sérgio Roberto. *Dicionário de gêneros textuais*. Belo Horizonte: Autêntica, 2008.

DOLZ, Joaquim; SCHNEUWLY, Bernard. *Gêneros orais e escritos na escola*. Tradução e organização: Roxane Rojo e Glaís Cordeiro. Campinas: Mercado das Letras, 2004.

FIORIN, José Luiz. *Argumentação*. São Paulo: Contexto, 2015.

FREIRE, Paulo. *Medo e ousadia*: o cotidiano do professor. Rio de Janeiro: Paz e Terra, 2001.

GERALDI, J. Wanderley; CITELLI, Beatriz (Coord.). *Aprender e ensinar com textos de alunos*. 6. ed. São Paulo: Cortez, 2004.

ILARI, Rodolfo (Org.). *Gramática do português falado*. Campinas: Unicamp, 2002.

KLEIMAN, Ângela. *Texto e leitor*: aspectos cognitivos da leitura. Campinas: Pontes, 2011.

KOCH, Ingedore Villaça. *O texto e a construção de sentido*. 10. ed. São Paulo: Contexto, 2010.

MAGALHÃES, Tânia Guedes; GARCIA-REIS, Andreia Rezende; FERREIRA, Helena Maria (Orgs.). *Concepção discursiva de linguagem*: ensino e formação docente. Campinas: Pontes, 2017.

MARCUSCHI, Luiz Antônio. *Produção textual, análise de gêneros e compreensão*. São Paulo: Parábola, 2011.

MORAIS, Artur Gomes. *Ortografia*: ensinar e aprender. 4. ed. São Paulo: Ática, 2003.

ROJO, Roxane; BARBOSA, Jacqueline P. *Hipermodernidade, multiletramentos e gêneros discursivos*. São Paulo: Parábola, 2015.

SCHNEUWLY, Bernard. O ensino da comunicação. *Nova Escola*, São Paulo, n. 157, nov. 2002.

SEIXAS, Lia; PINHEIRO, Najara Ferrari (Org.). *Gêneros*: um diálogo entre comunicação e linguística. Florianópolis: Insular, 2013.

SOLÉ, Isabel. *Estratégias de leitura*. Porto Alegre: Penso, 2015.

ZABALA, Antoni. *A prática educativa*. Porto Alegre: Artmed, 1998.

UNIDADE 1 — A escola que queremos

Escola: _____

Nome: _____

Ano: _____ Período: _____ Data: _____ / _____ / _____

Utilize o quadro abaixo para verificar aspectos importantes de sua produção.	
Critérios de avaliação: 4	**Cada critério: de zero a 2,5 pontos**
1. Adequação do registro de linguagem escrito (formal ou informal).	☐ 0 ☐ 0,5 ☐ 1,0 ☐ 1,5 ☐ 2,0 ☐ 2,5
2. Compreensão da proposta de produção e adequação ao gênero textual.	☐ 0 ☐ 0,5 ☐ 1,0 ☐ 1,5 ☐ 2,0 ☐ 2,5
3. Conhecimento de mecanismos (verbais e não verbais) pertinentes ao gênero.	☐ 0 ☐ 0,5 ☐ 1,0 ☐ 1,5 ☐ 2,0 ☐ 2,5
4. Organização textual e criatividade.	☐ 0 ☐ 0,5 ☐ 1,0 ☐ 1,5 ☐ 2,0 ☐ 2,5

UNIDADE 2 — Verdade e democracia

Escola: _____

Nome: _____

Ano: _____ Período: _____ Data: _____ / _____ / _____

Critérios de avaliação: 4	Cada critério: de zero a 2,5 pontos
Utilize o quadro abaixo para verificar aspectos importantes de sua produção.	
1. Adequação do registro de linguagem escrito (formal ou informal).	☐ 0 ☐ 0,5 ☐ 1,0 ☐ 1,5 ☐ 2,0 ☐ 2,5
2. Compreensão da proposta de produção e adequação ao gênero textual.	☐ 0 ☐ 0,5 ☐ 1,0 ☐ 1,5 ☐ 2,0 ☐ 2,5
3. Conhecimento de mecanismos (verbais e não verbais) pertinentes ao gênero.	☐ 0 ☐ 0,5 ☐ 1,0 ☐ 1,5 ☐ 2,0 ☐ 2,5
4. Organização textual e criatividade.	☐ 0 ☐ 0,5 ☐ 1,0 ☐ 1,5 ☐ 2,0 ☐ 2,5

UNIDADE 3 — Falando grego

Escola: _____

Nome: _____

Ano: _____ Período: _____ Data: _____ / _____ / _____

Utilize o quadro abaixo para verificar aspectos importantes de sua produção.	
Critérios de avaliação: 4	**Cada critério: de zero a 2,5 pontos**
1. Adequação do registro de linguagem escrito (formal ou informal).	☐ 0 ☐ 0,5 ☐ 1,0 ☐ 1,5 ☐ 2,0 ☐ 2,5
2. Compreensão da proposta de produção e adequação ao gênero textual.	☐ 0 ☐ 0,5 ☐ 1,0 ☐ 1,5 ☐ 2,0 ☐ 2,5
3. Conhecimento de mecanismos (verbais e não verbais) pertinentes ao gênero.	☐ 0 ☐ 0,5 ☐ 1,0 ☐ 1,5 ☐ 2,0 ☐ 2,5
4. Organização textual e criatividade.	☐ 0 ☐ 0,5 ☐ 1,0 ☐ 1,5 ☐ 2,0 ☐ 2,5

UNIDADE 4 — Ética e Ciência

Escola: _____

Nome: _____

Ano: _____ Período: _____ Data: _____ / _____ / _____

Utilize o quadro abaixo para verificar aspectos importantes de sua produção.	
Critérios de avaliação: 4	**Cada critério: de zero a 2,5 pontos**
1. Adequação do registro de linguagem escrito (formal ou informal).	☐ 0 ☐ 0,5 ☐ 1,0 ☐ 1,5 ☐ 2,0 ☐ 2,5
2. Compreensão da proposta de produção e adequação ao gênero textual.	☐ 0 ☐ 0,5 ☐ 1,0 ☐ 1,5 ☐ 2,0 ☐ 2,5
3. Conhecimento de mecanismos (verbais e não verbais) pertinentes ao gênero.	☐ 0 ☐ 0,5 ☐ 1,0 ☐ 1,5 ☐ 2,0 ☐ 2,5
4. Organização textual e criatividade.	☐ 0 ☐ 0,5 ☐ 1,0 ☐ 1,5 ☐ 2,0 ☐ 2,5

UNIDADE 5 — Retratos de família

Escola: _____

Nome: _____

Ano: _____ Período: _____ Data: _____ / _____ / _____

Utilize o quadro abaixo para verificar aspectos importantes de sua produção.	
Critérios de avaliação: 4	**Cada critério: de zero a 2,5 pontos**
1. Adequação do registro de linguagem escrito (formal ou informal).	☐ 0 ☐ 0,5 ☐ 1,0 ☐ 1,5 ☐ 2,0 ☐ 2,5
2. Compreensão da proposta de produção e adequação ao gênero textual.	☐ 0 ☐ 0,5 ☐ 1,0 ☐ 1,5 ☐ 2,0 ☐ 2,5
3. Conhecimento de mecanismos (verbais e não verbais) pertinentes ao gênero.	☐ 0 ☐ 0,5 ☐ 1,0 ☐ 1,5 ☐ 2,0 ☐ 2,5
4. Organização textual e criatividade.	☐ 0 ☐ 0,5 ☐ 1,0 ☐ 1,5 ☐ 2,0 ☐ 2,5

_____

_____

_____

_____

_____

_____

_____

_____

_____

_____

_____

_____

_____

_____

UNIDADE 6 — A literatura é uma arte!

Escola: _____

Nome: _____

Ano: _____ Período: _____ Data: _____ / _____ / _____

Utilize o quadro abaixo para verificar aspectos importantes de sua produção.	
Critérios de avaliação: 4	**Cada critério: de zero a 2,5 pontos**
1. Adequação do registro de linguagem escrito (formal ou informal).	☐ 0 ☐ 0,5 ☐ 1,0 ☐ 1,5 ☐ 2,0 ☐ 2,5
2. Compreensão da proposta de produção e adequação ao gênero textual.	☐ 0 ☐ 0,5 ☐ 1,0 ☐ 1,5 ☐ 2,0 ☐ 2,5
3. Conhecimento de mecanismos (verbais e não verbais) pertinentes ao gênero.	☐ 0 ☐ 0,5 ☐ 1,0 ☐ 1,5 ☐ 2,0 ☐ 2,5
4. Organização textual e criatividade.	☐ 0 ☐ 0,5 ☐ 1,0 ☐ 1,5 ☐ 2,0 ☐ 2,5

UNIDADE 7 — O poder do voto

Escola: _____

Nome: _____

Ano: _____ Período: _____ Data: _____ / _____ / _____

Utilize o quadro abaixo para verificar aspectos importantes de sua produção.	
Critérios de avaliação: 4	**Cada crítério: de zero a 2,5 pontos**
1. Adequação do registro de linguagem escrito (formal ou informal).	☐ 0 ☐ 0,5 ☐ 1,0 ☐ 1,5 ☐ 2,0 ☐ 2,5
2. Compreensão da proposta de produção e adequação ao gênero textual.	☐ 0 ☐ 0,5 ☐ 1,0 ☐ 1,5 ☐ 2,0 ☐ 2,5
3. Conhecimento de mecanismos (verbais e não verbais) pertinentes ao gênero.	☐ 0 ☐ 0,5 ☐ 1,0 ☐ 1,5 ☐ 2,0 ☐ 2,5
4. Organização textual e criatividade.	☐ 0 ☐ 0,5 ☐ 1,0 ☐ 1,5 ☐ 2,0 ☐ 2,5

_____

_____

_____

_____

_____

_____

_____

_____

_____

_____

_____

_____

_____

_____

_____

_____

UNIDADE 8 — No mundo do trabalho

Escola: _____

Nome: _____

Ano: _____ Período: _____ Data: _____ / _____ / _____

Utilize o quadro abaixo para verificar aspectos importantes de sua produção.	
Critérios de avaliação: 4	**Cada critério: de zero a 2,5 pontos**
1. Adequação do registro de linguagem escrito (formal ou informal).	☐ 0 ☐ 0,5 ☐ 1,0 ☐ 1,5 ☐ 2,0 ☐ 2,5
2. Compreensão da proposta de produção e adequação ao gênero textual.	☐ 0 ☐ 0,5 ☐ 1,0 ☐ 1,5 ☐ 2,0 ☐ 2,5
3. Conhecimento de mecanismos (verbais e não verbais) pertinentes ao gênero.	☐ 0 ☐ 0,5 ☐ 1,0 ☐ 1,5 ☐ 2,0 ☐ 2,5
4. Organização textual e criatividade.	☐ 0 ☐ 0,5 ☐ 1,0 ☐ 1,5 ☐ 2,0 ☐ 2,5